本书由国家自然科学基金青年项目"面向生态系统服务的资源枯竭型城市绿色转型研究"（72004130）
教育部人文社科青年项目"基于计算试验的我国资源型城市低碳转型机理及政策研究"（18YJC630148）
国家自然科学基金重点国际合作项目"中国社会经济绿色低碳发展的规律研究"（71810107001）
国家自然科学基金重大项目"经济发展新常态下的绿色低碳转型特征与模式研究"（71690241）
国家重点研发计划"资源循环利用过程精准管理支撑技术与应用示范"（2019YFC1908501）
国家自然科学基金委基础科学中心项目"数字经济时代的资源环境管理理论与应用"（72088101）共同资助

城市治理视角下的
资源型城市绿色转型研究

宋晓倩 耿 涌 著

管理
MANAGEMENT

Research on Green Transition of
Resource-based Cities Based on Urban Governance

上海交通大学出版社
SHANGHAI JIAO TONG UNIVERSITY PRESS

内容提要

本书结合资源型城市绿色转型的发展现状,借助 DPSIR 分析框架,选取涉及资源、环境、人口、经济和社会等方面的 25 个指标,采用由上至下的方法构建资源型城市绿色转型评价指标体系,在数据可得的前提下,选取我国 101 个地级以上资源型城市,运用基于熵权改进的 TOPSIS 方法,计算得出 2002—2016 每年的绿色转型指数,分析了我国资源型城市绿色转型的时间演变特征。同时,借助计算所得的转型指数,考虑资源型城市绿色转型的空间溢出会显著影响到相邻资源城市,本书借助空间计量方法,建立考虑产业结构、经济发展、社会消费、教育水平、科技发展的我国资源型城市绿色转型空间模型,从驱动因素和时空演化两个层次对资源型城市转型机制进行分析,提出城市治理的政策建议。

图书在版编目(CIP)数据

城市治理视角下的资源型城市绿色转型研究 / 宋晓倩,耿涌著. —上海:上海交通大学出版社,2021.11
ISBN 978 - 7 - 313 - 25174 - 9

Ⅰ.①城… Ⅱ.①宋… ②耿… Ⅲ.①城市经济-转型经济-研究-中国- 2002 - 2016 Ⅳ.①F299.21

中国版本图书馆 CIP 数据核字(2021) 第 143208 号

城市治理视角下的资源型城市绿色转型研究
CHENGSHI ZHILI SHIJIAOXIA DE ZIYUANXING CHENGSHI LÜSE ZHUANXING YANJIU

著 者:	宋晓倩 耿涌			
出版发行:	上海交通大学出版社	地 址:	上海市番禺路 951 号
邮政编码:	200030	电 话:	021 - 64071208
印 刷:	上海天地海设计印刷有限公司	经 销:	全国新华书店
开 本:	710mm×1000mm 1/16	印 张:	6.25
字 数:	101 千字		
版 次:	2021 年 11 月第 1 版	印 次:	2021 年 11 月第 1 次印刷
书 号:	ISBN 978 - 7 - 313 - 25174 - 9		
定 价:	59.00 元		

前　言

　　资源型城市依靠开采矿产等资源维持城市的运行,在发展过程中,对环境造成了一定的压力。正是在这样的背景下,资源型城市的发展面临着诸多问题,环境不断恶化,空气污染物排放超标,严重影响了人们的正常生活。资源型城市在国民经济中曾经占有举足轻重的地位,但随着资源的大规模开发,资源枯竭、经济滞涨和生态破坏已成为资源型城市的重要特征。为了我国的可持续健康绿色发展,必须合理地对资源型城市转型进行评价,以从城市治理视角下实现资源型城市的绿色转型升级。然而,由于自然禀赋的区位分布不均,资源型城市的空间关联也是个需要关注的问题,转型的空间关联机理决定了资源型城市的政策实施与联动。并且,在当今双循环的政策指导下,合理布局资源型城市的绿色转型更具有深远的战略意义。

　　本书结合资源型城市绿色转型的发展现状,借助 DPSIR 分析框架,选取涉及资源、环境、人口、经济和社会等方面的 25 个指标,采用由上至下的方法构建资源型城市绿色转型评价指标体系,在数据可得的前提下,选取我国 101 个地级以上资源型城市,运用基于熵权改进的 TOPSIS 方法,计算得出 2002—2016 每年的绿色转型指数,分析了我国资源型城市绿色转型的时间演变特征。同时,借助计算所得的转型指数,考虑资源型城市绿色转型的空间溢出会显著影响到相邻资源城市,本书借助空间计量方法,建立考虑产业结构、经济发展、社会消费、教育水平、科技发展的我国资源型城市绿色转型空间模型,从驱动因素和时空演化两个层次对资源型城市转型机制进行分析,提出城市治理的政策建议。

本书主要从以下七个方面进行探讨。

第 1 章是绪论部分,这部分内容主要阐述了本书选题的背景,资源型城市转型的必要性以及针对性,本书拟展开的研究思路、内容及创新点。

第 2 章梳理了可持续发展、资源型城市可持续发展以及绿色转型的相关理论,并对比各个概念,为后续研究夯实了理论基础。

第 3 章探讨了资源型城市的绿色发展问题,给出资源型城市的定义、划分方法,总结了资源型城市的特征,并梳理了资源型城市的发展现状。在此基础上,着重探讨了资源型开采对绿色发展的影响,尤其是对环境的破坏、资源的浪费和水资源的浪费以及大气污染等。

第 4 章在之前研究的基础上,首先构建了 DPSIR 概念模型,将评价资源型城市绿色转型的指标分成驱动力(driving)、压力(pressure)、状态(state)、影响(impact)和响应(responses)五个子系统,在指标体系构建原则的基础上选取涉及资源、环境、人口、经济和社会等方面的 25 个指标。通过运用基于熵权改进的 TOPSIS 方法,进行归一化计算,进而得到每个资源型城市在当年的绿色转型指数。本书更加偏重于考虑资源型城市转型过程中的环境因素以及绿色发展和可持续性因素,以及与之相对应的社会因素和民生福祉。从整体上来看,资源型城市绿色转型是一个循序渐进的过程,15 年间经历了转型效果差、转型效果一般及转型效果较好三个阶段。资源型城市转型存在一定的时间的滞后,政策制定后的效果实现往往需要一定时间,资源型城市绿色转型更是一个长期复杂的系统工程。全国情况已有明显改善,在山西、山东、贵州等省份涌现出一批转型成功的资源型城市,总体上我国资源型城市绿色转型效果明显。位于东北地区的资源型城市转型效果不明显,近 15 年间发展变化不大。

第 5 章主要涉及空间计量的实证分析。在绿色转型指数方面,我国资源型城市呈现空间相关性显著为负。具有较高绿色转型水平资源型城市,不能带动周边城市;转型水平落后的资源型城市,也无法被转型比较成功的周边城市所带动。产业结构对资源型城市绿色转型水平具有"正外部效应",合理的产业结构显著促进了资源型城市绿色转型,且具有较为显著的空间溢出效应,即各个资源型城市的产业结构调整能够提高其他相邻城市的绿色转型水平。经济发展具有较为显著的空间溢出效应,经济发展对资源型城市绿色转型指数的影响具有"正外部效应"。社会消费对绿色转型指数影响的直接效应不显著,但具有较为显著的空间溢出效应。外商投资对资源型城市绿色转型水平具有"负外部效应",存在"污染天堂"的可能性。教育水平具有较为显著的空间溢出效应,对资源型城市绿色转型水平具有"正外部效应"。科技进步对我国资源型城市之间绿色转型影响不显著,也不存在显著的空间溢出效应。

第 6 章提出资源型城市绿色转型的政策建议,具体包括:构建绿色转型制度体系,针对资源型城市产业的绿色转型提供政策、经济、人才、科技的支持,最后推进与实施资源型城市的循环经济,来实现资源集约、环境友好的资源型城市绿色转型。

第 7 章总结了本书的创新之处,通过借助空间面板数据,建立我国资源型城市绿色转型、产业结构升级、经济发展、社会消费、教育支出、科技投入等彼此关系的模型,从驱动因素和时空演化两个层次对资源型城市转型情况进行说明,指出了资源型城市绿色转型的空间溢出会显著影响到相邻资源城市,并对下一步的研究提出了展望。

本书七个部分的内容相互之间联系紧密,形成了一个城市治理视角下的资源型城市绿色转型评价、转型机理及政策建议的研究框架。本书所做的研究内容有助于资源型城市提升治理水平,完善了资源型城市绿色转型评价,并对各个城市的绿色转型指数进行了测算和比较,最终为下一步政府决策提供有力的支撑和支持。

目　录

第1章　绪论 ………………………………………………… 1

　　1.1　问题的提出 ………………………………………… 1

　　1.2　研究思路及研究内容 ……………………………… 3

第2章　相关理论及综述 …………………………………… 5

　　2.1　可持续发展及其原则 ……………………………… 5

　　2.2　资源型城市的可持续发展 ………………………… 7

　　2.3　绿色转型理论 ……………………………………… 8

第3章　资源型城市的绿色发展问题 …………………… 12

　　3.1　资源型城市 ………………………………………… 12

　　3.2　资源开采对环境影响的分析 ……………………… 24

　　3.2　对大气的污染 ……………………………………… 26

第4章　基于 DPSIR-TOPSIS 的资源型城市绿色转型评价 ………… 28

　　4.1　DPSIR 概念模型 ………………………………… 28

4.2　DPSIR 模型的因素分析 ·· 30

4.3　指标体系构建原则 ·· 31

4.4　指标体系构建 ·· 32

4.5　基于熵权的改进 TOPSIS 方法 ······································ 34

4.6　资源型城市绿色转型指数 ·· 37

第 5 章　空间效应分析 ·· 41

5.1　模型设计 ·· 41

5.2　数据来源和变量选取 ·· 42

5.3　资源型城市绿色转型的空间效应模型 ································ 46

5.4　空间计量实证分析 ·· 47

第 6 章　城市治理的政策建议 ·· 60

6.1　绿色转型制度体系 ·· 60

6.2　城市产业转型的政策支持 ·· 62

6.3　资源型城市产业转型的经济支持 ······································ 69

6.4　资源型城市产业转型的科技支持 ······································ 70

6.5　资源型城市产业转型的人才及教育支持 ································ 71

6.6　资源型城市绿色转型的循环经济建设 ································ 72

第 7 章　结论与展望 ·· 74

参考文献 ·· 77

索引 ·· 87

致谢 ·· 89

第 1 章

绪　论

1.1　问题的提出

我国经济以及社会已然迈向全新阶段,进入国内经济由高增长迈向高质量的全新时期,经历国内经济由淘汰落后产能到发展先进社会生产的全新阶段,取得国内经济由总量增加即量变迈向结构改善即质变的重大进步,体现了民众由小康生活迈向美好生活的全新期待,代表生态文明构建由长期方略迈向千年方略的全新需求,代表美丽中国由全力建设迈向开启新格局的全新阶段。在迈向全新的时期,处理民众持续增加的优质生活要求同粗放发展间的冲突,对生态环保提出了更为严格及更多的新工作与新要求。并且对于资源型城市均衡以及解决好生态环保同经济增长之间的关联性,提出了更为严格的规范、更新的要求以及更为重大的挑战。作为国家经济建设曾经的重要资源供应者,资源型城市为中国经济发展做出过举足轻重的贡献。伴随改革的持续深化,国内经济飞快进步,资源型产业工业化程度也是持续增加,获取了诸多显著的成果,但与此同时,矿区发展也给资源和生态环境带来了巨大压力。资源影响着经济的长期发展,早在 2010 年,国内的煤炭消耗量已超过 32.5 亿吨,我国也已成为世界上化石能源消费第二大国,占世界化石能源消费总量的 48.2%,但就人均占有情况来看,仅为全球平均水平的 55.1%[1]。

资源型城市的环境承载力比较差,因开采而造成的塌陷面积达到 6.5 万公顷,每年带来损失达 4 亿元以上,开采过程中煤炭资源的浪费严重,回采率不足 40%[2];国内各种尾矿以及废料等固态污染性物质的肆意倾倒,导致586 万公顷的土地遭受侵害,形成了四亿多元的损失。一旦矿区无法可持续发展,势必影响国家的生态安全[3]。

矿区在发展过程中,给环境带来了一定压力。我国各地矿区出现了很多基于生态共生的生态产业园,虽有一定进展,然而依然没有实现预期目标,部分矿区甚至产生了运营困境,造成面临瓦解的情况。在这一背景下,我国资源型城市的城市发展面临诸多问题,环境持续恶化,空气污染物排放量超标,严重影响人们的正常生活。此类城市的经济主要取决于煤炭业,因为资源是无法再生的,故资源储量是持续减少的,同时面临失业率上升等诸多问题,需要将其快速而有效地处理掉。为了长期的进步,很明显,效益低、污染重、排放多以及耗能多的煤炭业必须革新。过去对国内经济进步带来极大支持的此类城市该怎样发展? 所以探索此类城市开展绿色转型的方式是有重大价值及作用的。近几年来,由于资源开发强度过高,经济增长方式粗放,中国大多数资源型城市面临着能源消耗、环境恶化、产业结构失调、经济落后等主要问题。尤其是 2008 年经济危机后,煤炭、钢铁、有色金属等产能严重过剩,国际市场价格暴跌,更是明显。

国内存在大量资源型城市,因为长期的能源结构,此类城市过去产生了极大的效用,然而伴随资源的大量开发,资源耗竭、经济滞涨以及生态损害已然变为其重要特点,煤矿开采过程中产生的废水已达到每年 26 亿吨,而废气排放也高达 1 700 亿立方米[4]。同时碳排放同粗放式资源型经济运行存在紧密的关联性。所以在 2017 年举办的中央相关会议中明确指出:执行全新的发展观,构建现代化经济机制,引导资源型城市经济创新与优化。同时,中国是全球资源大国,若想实现经济、社会、环境的绿色可持续发展,必须调整优化结构,加快资源型城市的转型升级。

传统对政策的研究,多基于庇古的"外部性"假设[5],认为资源型城市转型取决于政府而不是城市内的企业,所以低碳转型的分析通常选取自上而下的分析思想,极少考虑区位影响以及城市之间的关联。但是,转型过程中主体参与环境交互的复杂性涌现出复杂系统行为,加大了转型政策实施的难度,致使实际操作过程中,政府成本巨大且企业能动性不高,转型进程缓慢,效果不明显[6]。

1.2 研究思路及研究内容

本书选取我国处于不同地区、不同发展阶段的 101 个地级以上资源型城市,目的是在阐述绿色转型基本理论的基础上,并且基于识别资源型城市发展状况的前提下,借助 DPSIR 分析框架,运用改进的熵权的 TOPSIS 模型,立足于经济、社会、人口以及资源等维度来对资源型城市绿色转型绩效进行评价,经过归一化处理,进而得出每个资源型城市的绿色转型指数,并以此为因变量,来研究资源型城市绿色转型的空间效应,以及产业结构、经济发展、人口、科技对资源性城市绿色转型的驱动力。

第 1 章是绪论,重点阐述本书的研究目标,同时对关联概念以及研究背景展开阐述。

第 2 章为相关理论综述,包括可持续发展理论、可持续发展过程、资源型城市可持续发展、绿色发展及绿色转型理论等。

第 3 章通过分析资源型城市的定义、特征、划分以及发展现状,探讨资源型城市的绿色发展问题,分析资源开采对环境的破坏,梳理资源型城市的发展过程,并探寻资源型城市在绿色转型中所面临的实质性的问题。

第 4 章在 DPSIR "驱动力—压力—状态—影响—响应"模型框架的基础上,选取考虑经济、社会、资源、环境的绿色转型指标,构建了资源型城市绿色转型评价指标体系,并借助基于熵权的改进 TOPSIS 方法,在数据可得的情况下,计算出 101 个资源型城市的绿色转型指数,并进行比较研究和时间演化分析。

第 5 章为资源型城市绿色转型机制研究。借助空间计量的方法,从时空演化的视角,借助空间地理大数据,构建地理距离空间权重矩阵,对城市绿色转型的空间相关性开展实证分析,并从产业结构、经济发展、人口、科技四个方面对资源型城市绿色转型机制进行了分析。

第 6 章为资源型城市绿色转型的政策建议及制度构建。

第 7 章为研究结论与展望。

第 2 章

相关理论及综述

2.1 可持续发展及其原则

2.1.1 可持续发展理论

在 1950 年代前后,循环经济萌芽,环保主义诞生。知名的学者卡尔逊于 1962 出版了《寂静的春天》,指明全球生物所遭遇的威胁,表示经济不断进步会对环境以及资源造成损害[7]。肯尼思·鲍尔丁是知名的社会学研究者,他由宇宙飞船的成功获得启发,通过对全球经济的进一步展开研究,认为飞船同整个地球都属于独立的系统,借助持续耗损本身具有的各类资源,最后会由于资源耗竭而消失。要想使其具有更长的寿命必须达成内部资源的持续循环,尽量减少废弃物排放。虽然地球具有强大的资源体系,有一定的生命周期,然而必须实现资源的合理及科学运用,方可确保地球长时间地存活下去。

人类活动需要处于循环而有效的生态体系当中,在使用资源时必须关注怎样产生更少的废物,即借助循环经济取代资源的粗放开发。鲍尔丁通过把人类居住的地球比喻成为宇宙飞船,以便人们深刻感受出自然资源的有限,必须合理并有效地规划、利用资源,并且循环使用废弃物,这被称为

"宇宙飞船理论",该理论被认为是循环经济理论的最初萌芽,引导了循环经济运作的探索[8]。接着罗马俱乐部开始对循环经济展开探索,《增长的极限》是由德内拉·梅多斯等学者于1972年发表的分析论文,表示全球资源并非是无限的,所以持续的经济进步是无法实现的[9]。

《联合国人类环境宣言》是人类首个环保相关的世界通告[10],对指引以及支持全球民众大力开展环保产生了重大的效用,存在极大的历史性价值及作用。可是循环经济这个概念直到1989年才真正出现。自此具备实际意义上的分析。《自然资源和环境经济学》是由生态学家R.Kerry Tumer等联合发布的,第一次运用循环经济且指明其目标为构建不断进步的资源管控准则,让经济体系变成生态体系的核心构成要素。接着在20世纪末期,循环经济的相关实践陆续出现。《循环经济与废弃物管理法》是由德国于1996年推出的,建立《循环社会基本法》等有关法律章程是由美日联合推出的,在循环经济方面德国与日本有一定的相似之处。20世纪末循环经济的定义延伸至国内,如今国内对它的分析依然处于试点探究及初步实践阶段,尚未构建健全而科学的循环经济管控机制[11]。

2.1.2 可持续发展过程

鲍尔丁表示循环经济指在资源供给、公司生产以及产品废弃与使用的整个活动当中,处于科技、资源以及人类的整个体系当中,废弃物重复利用的经济模式。

我国知名学者耿涌认为循环经济属于生态体系的分支之一[12]。资源环境属于支持经济进步的物质保障[13],循环经济是为了持续降低线性物质代谢活动对生态体系的影响力[14]而构建的,不仅存在本身的物质循环体系,而且是可以有效融合至生态系统物质循环当中的经济运作机制形式[15]。学者朱庆华表示循环经济属于生态经济的一种,通过借助生态学规则指引生产活动[16],保护持续减少的环境资源,并使资源配置更为科学及合理,从而达成经济行为的环保化。学者王如松表示循环经济为遵守生态体系的能量流动以及物质循环规则,在生态体系物质能量循环运用中应纳入经济体系[17]。

关于循环经济理论,王兆华(2002)表示其主要目的为建议经济行为必须借助循环经济来取代过去的单程经济,由模仿以线性为特点的机械论规则转变成遵从以反馈为特点的生态规则[18]。

耿涌(2010)表示循环经济为借助废旧或者废弃物的持续运用来推动经济进步,其主要特点为能量与资源的闭路循环运用,达成污染物减排或零排放,实现排放少、效益高以及投入少的目标。该定义体现了一种新的经济发展和环保理念[19][20]。

2.2　资源型城市的可持续发展

20 世纪后期循环经济在各国逐步取得飞快的进步。《固定垃圾处理方案》是由美国相关部门于 1976 年颁布的,当中规定所有州设置关联的规划以及法律,强化对废旧物的合理回收运用。如今大部分州达到了 30% 以上的循环处置率。循环经济已经在美国出现了数十年的时间,同各个领域都存在紧密的关联性,比如电脑设备、家居产品、炼钢业以及炼油业等,显然循环经济已然变成该国的核心构成要素[21]。

德国在循环经济的实施上获得了显著的成果,主要表现在管控方式和机制上面。在机制方面构建了以《循环经济与废弃物管理法》为中心的法规机制,还有诸多配套与关联的相关机制以及政策。德国构建了多元回收体系,这让其实现了至少 86% 的包装废物运用率。如今德国大量工业废弃物的循环利用率基本上为 100%。通过数十年持续的研究及发展,其循环经济已然取得显著的成果,在 GDP 翻倍的状况下,重点污染物仅为之前的 25%,获得了良好的环境以及经济效益[22]。

因为本土资源的束缚,日本为了达成循环经济体系而构建的法规机制在全球是最为先进及健全的,《环境基本法》于 1993 年正式推出,后又推出了《绿色消费法》等多项法规章程。在合理而健全的监控机制下,该国借助循环经济获取了极佳的成效[23]。

丹麦的卡伦堡工业园,被认为是最为经典的生态经济园,主要从事药品制造、炼油和发电等相关产业,借助贸易手段将其他公司的废物充当本身的原料,如此构建良好的循环关系,让资源获取最大化的运用,同时公司之间因为使用废弃物的相关成本及费用的减少,经济收益得到明显的提升。卡伦堡工业园资源运用以及有效循环的经济园体系构建,被作为循环经济的重要标志[24]。

加拿大也一直对循环经济非常关注和重视,保证国家环保措施、规范以及政策真正落实。在循环经济运作中,政府产生了极大的作用,企业通过同政府联合构建的经济体,开展循环经济相关的技术及模式的探索。

瑞典也是如此,因为其大部分公司本身并无实力在国内构建回收系统,其行业机构、大型包装企业以及业界通过磋商,最终于1994年创建了四家国有回收企业,遵循"谁污染谁治理"的原则,并且这4家企业联合出资设立REPA企业充当服务性组织。公司借助入驻REPA且交付所需的各项费用以后,REPA则将执行生产职责制所要求的责任及义务。如今其废物处置范畴已由最开始的产品包装物,延伸至废电池、废电路以及废轮胎等诸多物品[25]。

2.3　绿色转型理论

2.3.1　转型理论

转型的原义为转换或者转变,属于对事物开展一类比较充分的变革,也就是借助变换事物的特性或形态让其同全新的需求更为相符。转型以后其将变为其他事物,或者借助结构转变而获得全新的功能,转型属于一种动态性的行为,不单单为转换,更为关键的是进步[26]。转型的定义在工程建设行业首次产生[27],在20世纪迈向经管行业,并在微观以及宏观等方面均得到大量运用。总体而言,宏观方面比如国家层面的我国及德国的经济转型[28],或者中观方面如地区经济转型以及资源型城市转型,微观方面如公司业务转型、公司经营模式转型以及公司组织结构转型等。尤其是近些年,伴随新经济进程的持续加速,转型经常性地展示在各大媒体当中,各式各样的转型活动逐步变成社会高度重视的焦点之一。

　　社会技术系统转型理论把社会技术系统划分成以下几个方面:宏观层次的外部环境;中观层次的社会技术体制;以及微观层次对应的创新性利基,所有层次均由各类要素构成[29]。转型是以上三个层次中各要素相互作用的结果,作用过程如图 2.1 所示:宏观环境出现改变,对当前体系形成冲击,并且为创新利基提供了较好的机遇,在利基运作到某个程度时,逐步产生显著的作用力,这时同原先体系产生抵制,导致当前体系的平稳状态受到损坏;在当前体系难以遏制利基以及宏观环境产生的冲击时,全新的体系将随之出现,同时对外部环境产生一定的作用[30]。

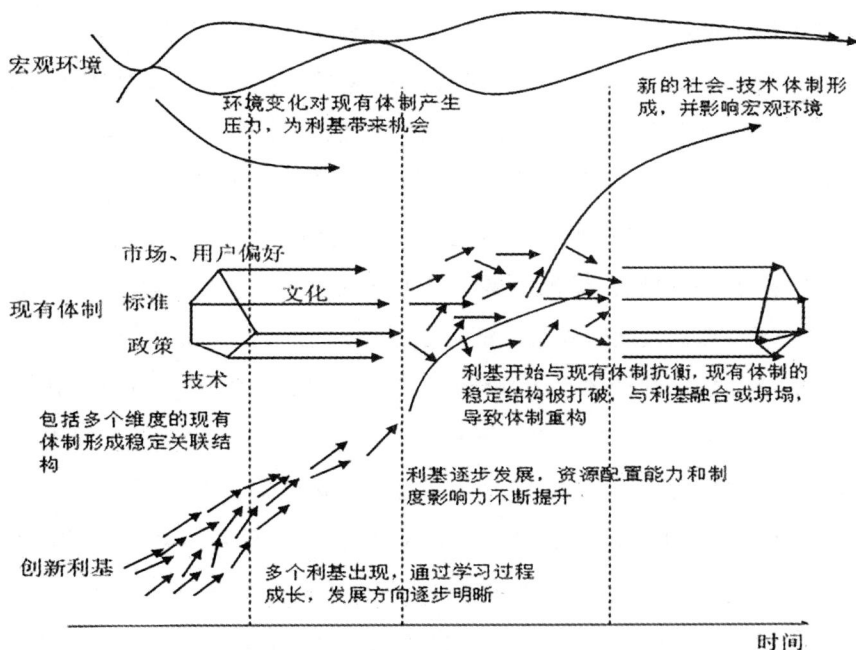

图 2-1　社会—技术系统的转型过程[29]

2.3.2　绿色发展

党的十八大报告提出,"要大力推进生态文明建设,着力推进绿色发展、循环发展、低碳发展",绿色发展意味着发展环保产业,保护自然生态环境,实现人与自然的和谐共处。十八届五中全会报告提出了五大发展理念:创新、协调、绿色、开放、共享,并且,"要坚持绿色发展,推动人与自然和谐相处,建设一个美丽中国"。党的十九大报告还强调,"发展是解决我国一切问题的基础和关键"。与五大发展理念和五位一体总体布局相结合,坚持绿色发展就是从人的发展与社会生态关系的角度出发,与其相关的概念有绿色经济、绿色发展、低碳经济等。

国内众多学者说法不一,对于绿色发展究竟是一种怎样的发展,不同学者提出了不同的观点。胡鞍钢紧密结合我国经济社会实际,在《中国:创新绿色发展》中提出了"绿色发展,即以合理消费、低消耗、低排放、增加生态资本为主要特征的经济、社会和环境三位一体的新型发展道路",其根本目的是实现人与人的和谐,人与自然的和谐[31]。并且,指明绿色发展属于生态、社会以及经济这三者结合而成的全新发展。他认为绿色发展应当是三个方面,首先,绿色发展需要侧重生态、社会、自然、经济的和谐共生,而不是单个目标的发展或者改进;其次,绿色发展是一种新的经济增长方式,离开经济增长,无法谈发展;最后,绿色发展已经上升为全球范围的治理[32]。蒋南平等(2016)表示绿色发展必须是经济可以适当进步,资源可以有效运用,在危害出现时必须构建补偿体系,自然同人一并发展。也有不少研究者从生态学视角来探索绿色发展的含义。部分研究者基于马列主义生态学基础理论来定义绿色发展观[33]。潘喜莲(2016)在对绿色发展的含义展开分析时表示,经济的进步必须关注人类能够承载的极限,自然和人的关系需要彼此适应与和谐相处,以资源消耗换来的经济发展必将导致失败[34]。

总之,绿色发展的本质在于实现自然与经济的双赢发展,在于集约与经济。绿色发展首先要考虑生态环境,强调人民生产生活方式的转变,促进人类文明形成可持续、和谐的统一状态。同时,绿色发展要注重依靠绿色科技,通过发展技术创新,促进低碳经济和绿色经济的发展,以科技进步与创新促进绿色 GDP 的增长,进而调整产业布局和结构,合理规划资源型城市的和谐发展。

基本而言,在资源消耗和生态环境恶化的大背景下,人类本身所处的赖以生存的环境受到严重威胁,在此背景下,绿色发展被提出,用以在保护生态环境的前提下,追求经济可持续发展,以期实现人与自然的和谐发展。

2.3.3　绿色转型

在对资源型城市实施绿色转型展开相应的研究后,刘纯彬、张晨(2009)通过构建三维结构模型,指出如果想实现绿色转型,其关键因素是环境承载力的增加,借助政府行政措施以及利用转换公司运作模式,以此达成资源型城市开展绿色转型,进而实现经济进步、环境优越、资源优化以及社会稳定持续进步的目标[35]。绿色转型理念的诞生以及含义,最开始源自海外对自然环境以及资源关联性的探索。Barbiroli(2011)提出绿色可持续转型的要点是追逐资源效率的最大化,但资源并非是无限的[36]。绿色转型使经济从资源高耗损与环境高污染,转换成环境友好型与资源节约型,绿色转型不仅须做到绿色,还必须做到转型,更须确保进步。李佐军(2012)表示绿色转型是我国继推动改革开放及社会改造的又一重要创新工作,属于绿色发展同经济转型的高度融合,不仅要做到绿色,还要保证可持续发展[37]。社会以及经济转型进步的重要渠道之一就是绿色转型,促进资源型企业开展绿色转型也成为资源型城市绿色转型的主要驱动力。何红渠等(2012)表示亟待展开对资源型企业的绿色转型[38]。

第 3 章

资源型城市的绿色发展问题

3.1 资源型城市

3.1.1 资源型城市定义

3.1.1.1 资源

广义上,"资源"一词是指人类可以开发并且使用的一切物质、财富和信息的总称,是一个内涵丰富的概念,既包括自然资源又涵盖社会资源。土地、水、矿产、森林等属于自然资源,从分类来看,自然资源包括可再生资源(如阳光、森林、水等)和不可再生资源(如煤炭、石油、矿石等)两大类。社会资源包括文化资源、科技资源、治理资源、人力资源等。

而资源城市中的"资源"则主要侧重于非再生资源,因为人类发展的历史过程里,资源总量有限,但是资源的消耗量是不断增加的。再者,所谓的非再生资源,并非绝对意义上的不可再生性,而是相对意义上的不可再生性,在人类生产生活短短的一段时间内,与需要经过数亿年物理和化学作用才能形成的自然产物相比,它们是无法再生的。同时,由于不可再生资源的这种特殊属性,也决定了资源型城市具有与一般城市不同的特征,即以它作为发展的基础。明确资源型城市中"资源"的属性与特征,旨在为进一步深入研究其分类与转型发展规律提供依据。

3.1.1.2　资源型城市

资源型城市,主要是指在城市功能方面,以开采和加工自然资源为主导产业的城市,资源型城市属于城市类型的特殊表现形式。从资源型城市的基本特征和主要功能来看,它以自然资源为依托,通过资源的开采、加工和制造向国际及社会提供有用的基础资源和初加工产品,这些产业在城市产业结构中举足轻重。在部分学者的研究成果中,尤其对一些具有代表性的煤矿城市、石油城市以及森林资源城市进行了研究。

目前学术界对资源型城市概念的认识和界定并不统一,对资源型城市的界定也存在着许多分歧,因此,从不同的角度给出了各种定义,主要包括:第一,从城市的形成角度来界定资源型城市,尹牧(2012)认为,资源型城市是随着自然资源的开发而兴起和发展起来的,一般包括能源资源、矿产资源城市和森林资源城市[39]。第二,资源型城市划分以资源型产业产值占工业总产值的比例、资源型产业从业的劳动人口占城市劳动力人口的比例为依据。比如,学者哈里斯(Harris)认为,资源型产业的生产总值占城市工业总值的10%以上,或资源型产业从业人员占城市人口总数的15%,就可称为资源型城市。

此外,从功能角度概括,它是将为社会给予矿产品以及其初级加工产品作为核心职能的一种城市,城市的核心产业就是矿业,由于矿业开采迈向高潮阶段,所以导致资源枯竭而不断减少;就核心产业角度概括,它是城市借助资源开采而获得进步或者兴盛,将资源初加工业以及开采业作为核心产业,两者的产值之和比工业产值高出一半的城市[40];从就业人口比例角度概括,在资源初级加工行业以及开采业当中,就业人数在整个社会当中占比超过40%的城市。哈里斯是世界知名的研究者,他表示矿业城市指的是在所有从业人员当中核心人员所占比例超过15%的城市[41]。

总之,基于资源型城市的不同分类以及定义,本研究中所指的资源型城市主要是指将本土资源(比如煤炭和铜矿等)采掘加工作为核心行业的城市,它的出现和进步同其资源型行业的革新与改善以及资源储备量等存在紧密的关联性。本研究主要侧重煤炭资源型城市,也就是将煤炭资源加工以及采掘作为核心行业,属于一类借助资源开采、开展经济事务的城市。

3.1.2 资源型城市特征

国家计委宏观经济研究院课题组(2002)较早定义了资源型城市的特征,认为有以下几个条件:第一,资源型产业占工业总产值的比重在 10% 以上;第二,资源型产业规模,对县级市而言应超过 1 亿元,对地级市而言应超过 2 亿元[42];第三,资源型产业从业人员占比 5% 以上;第四,资源型产业从业人员规模,对县级市而言应超过 1 万人,对地级市而言应超过 2 万人[43]。

胡礼梅(2011)提出了资源型城市的几个限定条件:首先是城市的形成源于某种不可再生资源的开发;其次,城市成熟时的主导产业来源于对其的开发、加工;并且,城市的出现和兴起与这种资源密切相关,"对这种不可再生资源形成高度依赖"[44]。

薛毅(2014)指出煤矿资源型城市的特点是:煤矿城市的规模与城市的总体规模相适应,存在着一定数量的人口聚集,居民在此从事相关经济活动,其服务功能比较完善。同时,城市对周边城市以及地区具有辐射和带动作用,进而形成中心区域。他指出,煤炭资源型城市是"在煤炭大规模开采的基础上形成和发展起来的一类城市,其发展对煤炭的开采和初级加工具有明显的依赖关系,煤炭是这种城市的主要产品,煤炭产业的发展对其所在城市的发展起着决定作用,是矿区人口占城市人口三分之一以上的国家行政管辖县级以上的城市"[45]。

比较以上,本书将资源型城市的特征界定为以下:

(1)不可循环及周期性。

资源型产业的形成期,是指资源被发现和开采之初,虽然成本低,但是煤炭加工生产技术、设施等不完善;成长期,是资源产业快速发展的时期,生产系统逐步完善,资源开采速度也逐步加快;成熟期的生产、加工、销售都在技术和规模方面趋于稳定状态;资源型产业发展势必经历形成、成长、成熟时期,会伴随资源的逐步减少而到达衰退期。在此期间资源业将面对高污染、低收益以及高成本等各式各样的问题;资源型城市运行跟资源产业是呈现相同趋势的,产生从兴盛至衰败的过程,图 3 - 1 显示的是具体过程。

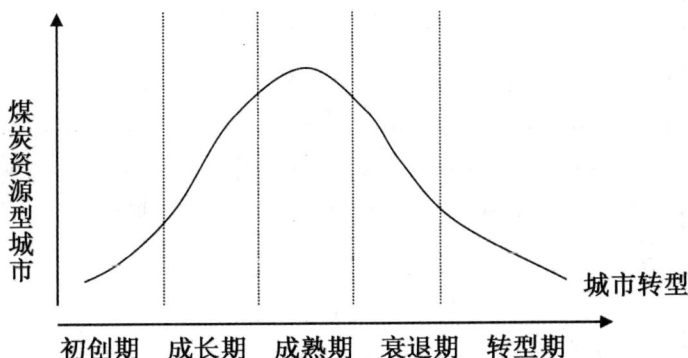

图 3 - 1　资源型城市的生命周期规律

(2)边际收益递减规律。

在资源开采之初,因为开采难度比较低,投入资金比较少且成本不高,伴随其边际产量的持续增多,获得的收益不断增加,但是随着资源开采过程的不断深入和发展,资源存量不断减少,开发的成本和难度日益增加,单位成本费用变得越来越高,受益呈现先增后减的抛物线状态。

(3)资源型城市系统特征。

系统是通过部分互相关联、互相约束的因素构建而来的,存在特殊作用的一种集合或者有机体。循环经济属于一种综合系统,同时属于通过社会、人口以及资源等诸多子系统结合而来的庞大而繁琐的系统。该系统的主要构成部分有科技、经济以及资源等[46]。图 3 - 2、图 3 - 3 以资源系统为例显示的是所有元素间的关联性以及资源、环境、社会之间的关系。

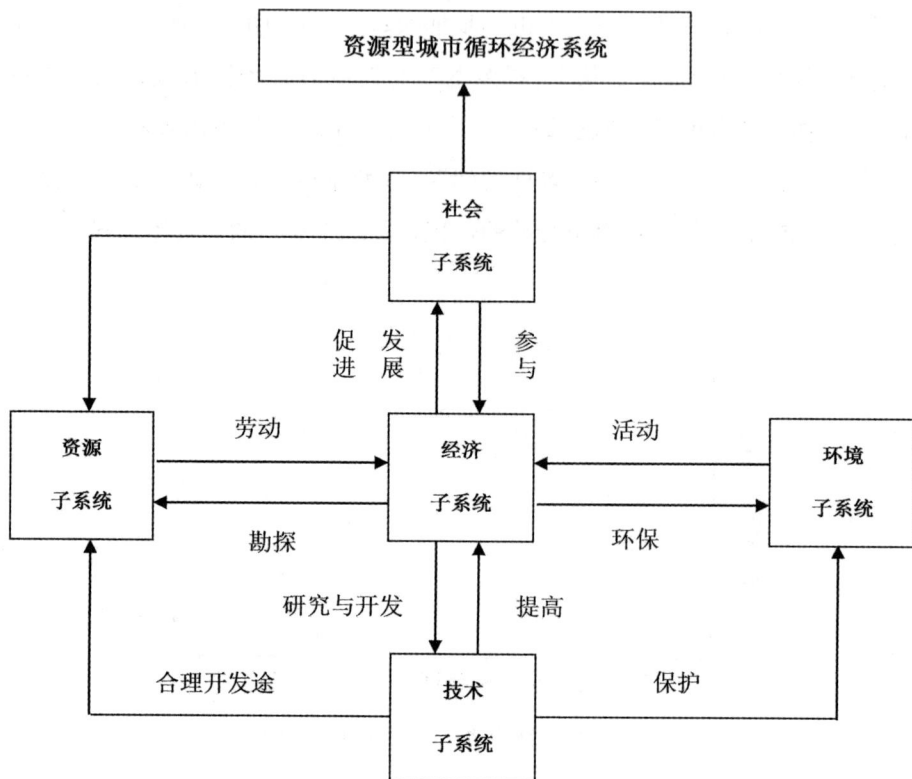

图 3-2 资源型城市循环经济系统的构成及相互关系

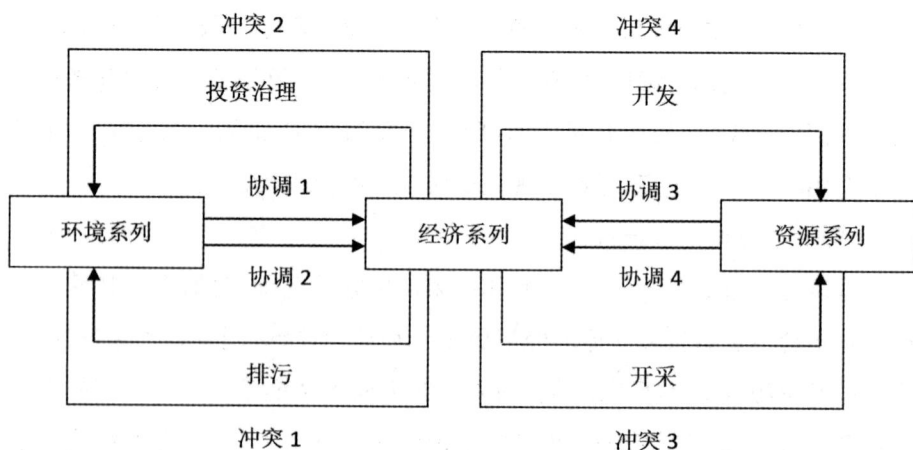

图 3-3 "经济—环境—资源"的相互关系

只有作为组成部分的子系统都能顺利运转,保证经济—自然—社会之间的平衡状态,才能使其正常运行。

鉴于此,若想各个系统能正常发展需要满足以下条件。

比如对于环境子系统而言,经济发展了,可以增加对环境的投入,来保障对环境基础设施的投资和建设,进而加强环境的治理和改善,提升资源型城市的环境承载力。这需要实现以下的条件:借助环境投入而增加的环境改善的速率 f_1^+,同消耗这些环境投资所带来的环境承载力减小的速度 f_1^- 相比应该更大[47],即: $f_1^+ \geqslant f_1^-$。这要求我们必须一边控制污染,一边投资,以用来改善环境质量,如图 3-4 所示。

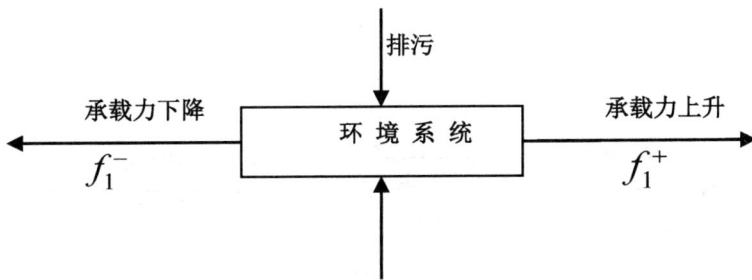

承载力下降　　　　排污　　　　承载力上升
f_1^-　　　环 境 系 统　　　f_1^+

图 3-4　环境承载力变化图

对于资源而言,随着资源的开发,矿山的可采储量减少,虽然可以通过地质勘探来获得一定的可采储量,但其数量总的来说是小于开采所消耗的资源量,即: $f_2^+ \geqslant f_2^-$。

所以,可持续发展包括资源可采掘量的保证以及资源运用效率的增加。如图 3-5 所示。

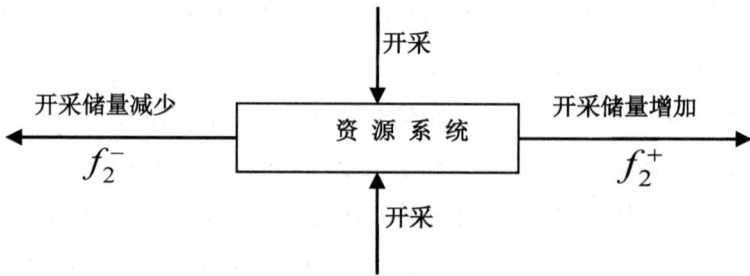

图 3-5　资源可采储量变化图

然而，对于整个经济系统来说，经济系统的作用力必须要大于各个子系统之间的相互作用力、影响力和制约性，也就是说 $f_3^+ \geqslant f_3^-$，如图 3-6 所示。

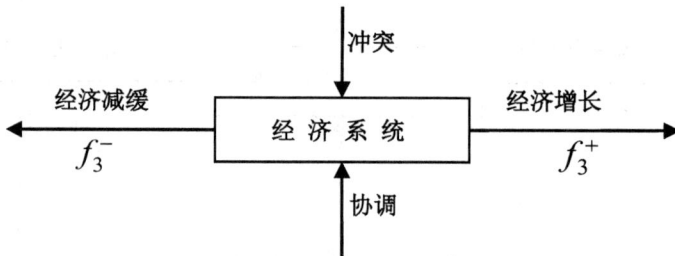

图 3-6　经济发展趋势变化图

从以上分析可以得出，在保障矿区经济发展过程中，应全方位探讨此系统各个要素间的相互影响、相互制约，科学地化解各要素之间产生的矛盾，以保障资源型城市的和谐、可持续增长。

3.1.3　资源型城市划分

自 20 世纪 80 年代以来，我国的资源型城市开始慢慢走向衰退。从 2000 年以来，中央政府出台了一系列政策、文件和规制，不断地促进和支持资源型城市转型发展。2007 年，国务院印发了《国务院关于促进资源型城市可持续发展的若干意见》的文件,明确了我国资源型城市的转型政策,此前多依靠资源型城市以及资源型企业自发转型。自此,各级政府积极参与、密切配合,给予了很多优惠资金、项目和其他方面的扶持,进入了政府主导的全面转型阶段。在政府主导下,经过 7 年转型实践,根据可持续发展能力和资源保障能力的差异,2013 年 1 月国务院发布了《全国资源型城市可持续发展规划(2013—2020)》,将资源型城市分为四种类型,具体包括成长型、成熟型、衰退型和再生型[48],并分类型明确发展方向和重点任务。资源型城市转型的主攻方向或原动力是经济和产业转型。

国内一共有 262 个资源型城市,其中有 126 个地级行政区(如自治州以及地级市等),有 62 个县级市,16 个市辖区(如开发区、管理区),此外,还有 58 个县(如自治县、林区)。

表 3-1　资源型城市划分

所在省 (自治区)	地级行政区	县级市	县(自治县、林区)	市辖区(开发区、管理区)
河北(14)	张家口市、承德市、唐山市、邢台市、邯郸市	鹿泉市、任丘市	青龙满族自治县、易县、涞源县、曲阳县	井陉矿区、下花园区、鹰手营子矿区
山西(13)	大同市、朔州市、阳泉市、长治市、晋城市、忻州市、晋中市、临汾市、运城市、吕梁市	古交市、霍州市、孝义市		
内蒙古(9)	包头市、乌海市、赤峰市、呼伦贝尔市、鄂尔多斯市	霍林郭勒市、阿尔山市*、锡林浩特市		石拐区
辽宁(15)	阜新市、抚顺市、本溪市、鞍山市、盘锦市、葫芦岛市	北票市、调兵山市、凤城市、大石桥市	宽甸满族自治县、义县	弓长岭区、南票区、杨家杖子开发区
吉林(11)	松原市、吉林市*、辽源市、通化市、白山市*、延边朝鲜族自治州	九台市、舒兰市、敦化市*	汪清县*	二道江区

（续表）

所在省（自治区）	地级行政区	县级市	县（自治县、林区）	市辖区（开发区、管理区）
黑龙江（11）	黑河市*、大庆市、伊春市*、鹤岗市、双鸭山市、七台河市、鸡西市、牡丹江市*、大兴安岭地区*	尚志市*、五大连池市*		
江苏（3）	徐州市、宿迁市			贾汪区
浙江（3）	湖州市		武义县、青田县	
安徽（11）	宿州市、淮北市、亳州市、淮南市、滁州市、马鞍山市、铜陵市、池州市、宣城市	巢湖市	颍上县	
福建（6）	南平市、三明市、龙岩市	龙海市	平潭县、东山县	
江西（11）	景德镇市、新余市、萍乡市、赣州市、宜春市	瑞昌市、贵溪市、德兴市	星子县、大余县、万年县	
山东（14）	东营市、淄博市、临沂市、枣庄市、济宁市、泰安市、莱芜市	龙口市、莱州市、招远市、平度市、新泰市	昌乐县	淄川区
河南（15）	三门峡市、洛阳市、焦作市、鹤壁市、濮阳市、平顶山市、南阳市	登封市、新密市、巩义市、荥阳市、灵宝市、永城市、禹州市	安阳县	
湖北（10）	鄂州市、黄石市	钟祥市、应城市、大冶市、松滋市、宜都市、潜江市	保康县、神农架林区*	
湖南（14）	衡阳市、郴州市、邵阳市、娄底市	浏阳市、临湘市、常宁市、耒阳市、资兴市、冷水江市、涟源市	宁乡县、桃江县、花垣县	
广东（4）	韶关市、云浮市	高要市	连平县	
广西（10）	百色市、河池市、贺州市	岑溪市、合山市	隆安县、龙胜各族自治县、藤县、象州县	平桂管理区

（续表）

所在省（自治区）	地级行政区	县级市	县（自治县、林区）	市辖区（开发区、管理区）
海南(5)		东方市	昌江黎族自治县、琼中黎族苗族自治县*、陵水黎族自治县*、乐东黎族自治县*	
重庆(9)			铜梁县、荣昌县、垫江县、城口县、奉节县、云阳县、秀山土家族苗族自治县	南川区、万盛经济开发区
四川(13)	广元市、南充市、广安市、自贡市、泸州市、攀枝花市、达州市、雅安市、阿坝藏族羌族自治州、凉山彝族自治州	绵竹市、华蓥市	兴文县	
贵州(11)	六盘水市、安顺市、毕节市、黔南布依族苗族自治州、黔西南布依族苗族自治州	清镇市	开阳县、修文县、遵义县、松桃苗族自治县	万山区
云南(17)	曲靖市、保山市、昭通市、丽江市*、普洱市、临沧市、楚雄彝族自治州	安宁市、个旧市、开远市	晋宁县、易门县、新平彝族傣族自治县*、兰坪白族普米族自治县、香格里拉县*、马关县	东川区
西藏(1)			曲松县	
陕西(9)	延安市、铜川市、渭南市、咸阳市、宝鸡市、榆林市		潼关县、略阳县、洛南县	
甘肃(10)	金昌市、白银市、武威市、张掖市、庆阳市、平凉市、陇南市	玉门市	玛曲县	红古区

（续表）

所在省（自治区）	地级行政区	县级市	县（自治县、林区）	市辖区（开发区、管理区）
青海(2)	海西蒙古族藏族自治州		大通回族土族自治县	
宁夏(3)	石嘴山市	灵武市	中宁县	
新疆(8)	克拉玛依市、巴音郭楞蒙古族自治州、阿勒泰地区	和田市、哈密市、阜康市	拜城县、鄯善县	

注：1. 带 * 的城市表示森工城市。

　　2. 资料来源：《全国资源型城市可持续发展规划 2013—2020》[49]。

3.1.4　资源型城市的现状

（1）产业结构单一，以资源型产业为主。

此类城市的重要产业就是资源开采，所以过度依赖资源开采业导致整个城市的经济过于单一化，行业构造也过于单一化。绝大多数城市的产业都是以资源生产以及加工为主的产业，而第一、三产业以及轻工业的所占比重少之又少[50]，如此单一的产业结构不利于城市的健康、规律发展。由于城市以资源型产业为主导产业，这就直接导致城市就业也多集中在资源型及相关产业。

（2）环境污染严重，生态失衡。

由于资源的开发和生产过程存在一定的环境破坏性，资源型城市的生态以及环境治理问题是资源型城市普遍存在的共性问题，而且资源开采加工占用土地面积很大，加之人们不注重环境保护，无节制的开采导致严重的生态失衡。长期资源开采导致地表水质污染严重、地下水位下降，城乡基础设施、植被、山体遭到破坏，地表裸露、水土流失严重，随之而来的煤矸石占用了很多土地，造成生态体系的无序[51]。同时资源产品加工过程中也会产生废水、废气以及固体废弃物等，对居民生活环境带来恶劣影响。以产煤大省山东为例,众所周知直接烧煤将带来烟尘以及二氧化硫、温室气体等诸多有害物质,图 3 - 7 显示了济宁以及临淄等多个资源型城市的大气污染物,同其他城市相比多出不少。

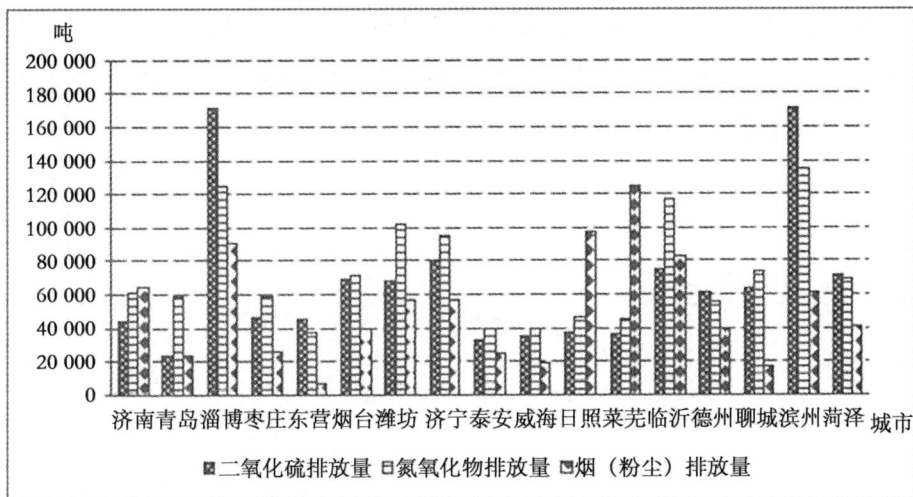

图 3 - 7　山东省煤炭资源型城市与普通城市的碳排放对比

注:数据整理自《中国统计年鉴》。

(3)城市发展过度依赖资源。

此类城市同其他城市是完全不一样的,城市的衰败、兴盛、进步以及构建等均同资源存在紧密的关联性,城市核心主导行业就是资源业,这造成城市进步过度依靠资源。可是资源属于一类无法再生的稀缺资源,此类城市最后将面临资源耗尽的不利局面。另一方面,资源的种类和储量也直接影响资源型城市的繁荣和生命周期,如果资源存储量大,则企业收益来源持久,城市也会持久繁荣发展。

(4)城市发展具有周期性。

此类城市的运作模式同资源业的运作周期是紧密关联的,此类城市将跟资源产业一起经历从兴盛至衰败的过程。如山东省泰安市正值资源储量大的成熟发展期,但是淄川却到了煤炭储量有所枯竭的衰退期。

(5)资源存储量不足,面临衰竭。

资源城市的发展在很大程度上是依赖于资源开发的,所以很多时候为了加快城市发展,过度采掘及开发,造成本身无法再生的资源储量快速减少,加快资源的耗尽,并且此类粗放式经济运作方式还导致资源的大量浪费。图 3-8 显示国内煤炭日均消费量表现为上行趋向,可是基础存量表现为不断下行的趋向。

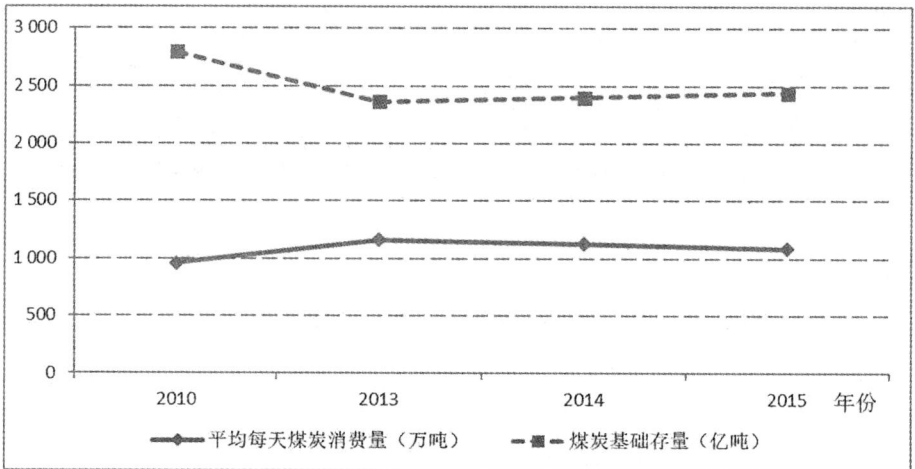

图 3-8   2010—2015 年平均每天煤炭消费量及煤炭基础存量对比图

注:数据整理自《中国统计年鉴》。

3.2   资源开采对环境影响的分析

3.2.1   环境的破坏及资源的浪费

因为资源储存有一定的地理区位特征,国内绝大部分矿产资源必须依靠井工采掘,回采率非常低,甚至低于 50%。以煤矿为例,小型煤矿、个体以及乡镇煤矿甚至不到 20%,相关报告显示部分小型煤窑获得一吨煤的代价相当高,牺牲至少 10 吨煤[52]。

井工开采方式极易造成地面崩塌,而国企的开采方式多数为长壁式采掘,如果都崩塌则采取顶板处理,根据相关检验得知该方式造成的地面崩塌深度通常能够达到采掘厚度总和的 0.7 倍左右,崩塌面积能够达到煤层采掘的近 1.2 倍,如此导致地面崩塌的概率更高。以煤炭资源型城市为例,根据相关统计报告得知,国内由于煤炭采掘造成的地面崩塌面积达到了四十多万亩。在煤炭采掘以及加工处理当中产生巨量的煤矸石,无处安放进而占用了大量耕地。国内井工采掘模式产生了诸多的煤矸石,在整个原煤产量当中其排量所占比例达到了 8%～10%,这对土地造成了相当大的损害。至于露天矿,在采掘时需要对土地进行开挖作业,以及排土场须占用土地,均对土地造成极大的损害。根据有关统计得知,在常规生产状况下,对于露天煤矿采掘而言,获取一万吨煤炭要塌陷 4.4 亩的土地[53]。这使得地质结构遭到破坏。

3.2.2　水资源破坏及浪费

矿产资源的开采必须消耗大量的水用来洗煤,同时开采过程中也会产生矿井水,这些污水的去向关系到环境安全,而且矿井地下水的水位也在逐年降低,影响了水安全。根据相关统计报告得知,我国矿井水年度排放量达到 23 亿吨左右,然而净化率还不到 4%,大部分未经处理就排放至大自然当中,这些矿井水中含有许多有毒物质,会污染水源,比如固体悬浮物、硫化物等,影响了资源型城市的水环境,水土也加快流失。以内蒙古地区的元宝山矿区为例,由于地下水疏排,导致降落漏斗半径高达数千米之多,对 150 多个村庄造成严重的损害,水土大量流失且土地沙漠化加速[54]。

洗煤水是造成煤炭资源型城市水污染的一大起因。如今大部分选煤厂选取的是湿法洗煤技术,进行洗、选煤时出现很多洗煤水,当中包含大量悬浮物质,比如泥沙以及煤泥等,再就是诸多化学有害物,比如甲醇、酚、苯和有害重金属元素等(如锰元素、铅元素、镍元素等)[55]。

3.3　对大气的污染

开采矿产资源的时候,会产生一定的气体,比如开采煤会产生瓦斯,并且矸石自燃的时候也会产生有害气体。瓦斯同一氧化碳相比,其产生的温室效应达到二十多倍,根据国内安监部门的相关报告得知,2000 年国内瓦斯排量达到了 90 多亿立方米,在全球总排量当中所占比例达到了 6%[56]。当前我国国企具有 1 500 多座矸石山,包含 389 座重要的自然矸石山[57],对矿区及其周遭地带的空气形成了巨大的损害,对矿区民众生活以及自然生态产生了极大的威胁[58]。

关于负外部性主要指那些没有在价格当中予以展示的,对经济交易双方以外存在的其他第三方成本。当出现外部性之后,资源配置会与帕累托最优相分离[59]。具体如图 3 - 9 所示。

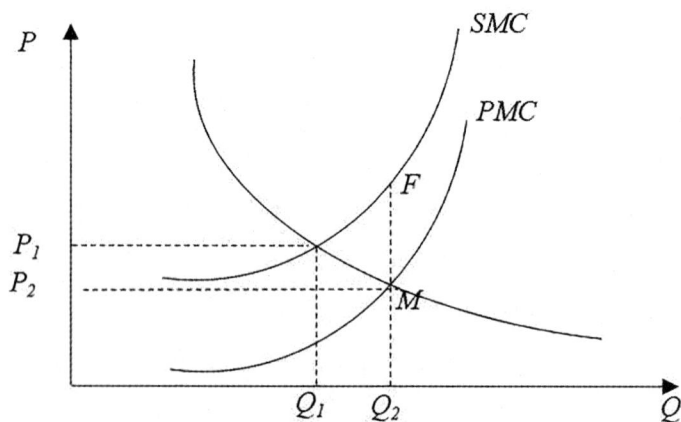

图 3 - 9　环境污染的负外部性

其中,SMC 是社会边际成本,P 表示成本或者价格,D 表示需求曲线,Q 表示产量,PMC 表示私人边际成本,MF 表示外部不经济。不难看出,环境污染可以致使社会边际成本增加,并且相较于公司的私人边际成本而言更高,造成价格机制的偏离,引起资源的不科学配置,也就是无法实现资源的最佳配置。关于污染外部不经济的内部化,即消费者或者制造者引起的外部成本,归于其消费以及制造计划。把外部性进行内部化的方法有很多,比如排污权买卖、污染税征缴以及行政管控等,此类手段尽管存在自身的特征,然而还具有不少的缺点。比如污染税征缴方式,尽管就理论而言是比较完美的,然而在具体执行时存在诸多的难题,要想精准地确认边际外部成本是相当难的。此外,边际净效益曲线也很难被感知。

第 4 章

基于 DPSIR-TOPSIS 的资源型城市绿色转型评价

4.1　DPSIR 概念模型

DPSIR 模型由 PSR 模型与 DSR 模型共同演化和发展而产生，PSR 模型包含几个关键因素：压力（pressure）、状态（state）和响应（responses），称之为压力—状态—响应模型，包括人的行为活动、对自然和环境的影响以及任何相互之间存在的关系，等等。DSR 模型又被称之为驱动力（driving force）—状态—响应模型，添加了驱动力指标，但是很难反映社会问题。后期出现了 DPSIR 模型，即"驱动力—压力—状态—影响—响应"架构[60]。关于 DPSIR 模型的应用，主要是集中在环境承载力[61]、生态安全评价、土地空间配置优化[62]和环境绩效评价等方面。一方面，DPSIR 模型因能反映环境与人类活动的因果关系，另一方面，还能反映社会问题，所以被广大学者用于研究中[63]。该模型近年来也被用于土地集约利用评价方面[64]。DPSIR 模型是用于研究环境与可持续发展的概念模型，从系统论角度分析人与环境系统的相互作用；它将评价一个自然系统的指标分成驱动力（driving）、压力、状态、影响（impact）和响应五个子系统，每个子系统中又分成若干要素和指标。

1) PSR 模型

国内外学者认为 PSR 模型是一种适用于分析生态和环境现状的一种有效的分析框架[65]。PSR 模型被非常广泛地应用,它强调因果关系,可以用来分析经济运作及其对环境的影响,因此可以用来综合分析人类活动和自然环境。PSR 主要应用于生态自然环境资源的研究,但是 PSR 模型在总体上更侧重环境类指标[66]。

2) DSR 模型

PSR 模型必然不是一个很完善的模型,为了避免它的缺陷,1996 年,联合国的可持续发展委员会提出了 DSR 模型[67],并以 PSR 模型为核心构建了初级的可持续发展指标体系[68]。DSR 模型类似 PSR 模型,但是引入了驱动力相关的指标,从而可以研究社会中存在的经济因素对生态环境破坏的影响,因此它侧重于对自然环境的研究,进而对资源及生态的评价更为客观和全面。

3) DPSIR 模型

综合 PSR 模型和 DSR 模型,DPSIR 逐步出现并发展,并以此为框架而产生了一系列的指标评价体系。比如驱动因素会增加社会经济发展,但同时会对环境带来一定的压力,受到影响的环境又反过来制约人们的生活水平提升,进而,促使人们采取措施改善生态环境,因此这种模型可以很好地囊括人口、自然、生态、环境,将生态、社会、人类活动、经济发展有机地结合起来,成为一个很好的社会经济生态系统的评价分析框架,得到广泛应用。

DPSIR 模型运行原理如图 4-1 所示。

该模型用以分析可持续运作及环境的概念,就系统论层面对环境体系同人之间的关联性展开探究;它把对自然系统展开评估的指标划分成多个子系统,分别为响应、影响以及驱动力等,所有子系统均能够划分为多个指标。

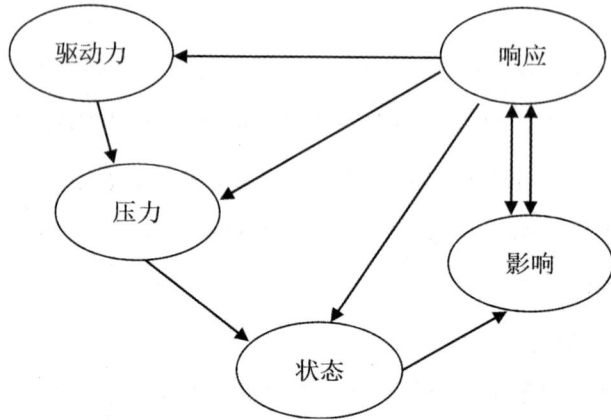

图 4 - 1   DPSIR"驱动力—压力—状态—影响—响应"模型示意图

4.2   DPSIR 模型的因素分析

1）驱动力

部分研究者把它划分成两类,分别为经济活动所产生的作用与压力以及技术要素;还有部分研究者把它大致地归纳成人为要素。能够将它视为生态环境改变的根本因素,重点指的是地域经济活动的运作趋向以及内部驱动力[69]。可是,生态环境相关的问题也许源自举措及政策的不健全,还有管控体系的不合理与不科学等。

2）压力

它是造成生态环境改变的人为性要素,所有机构以及组织等开展的活动对周遭生态环境造成一定的作用,属于环境的直接作用要素[70]。

3）状态

在该模型当中,状态为经济与社会以及生态环境在诸多活动以后所展示出社会环境的改变,此类环境的改变还将对人类产生反作用力[71]。

4）影响

影响是指由于生态环境改变而造成环境特性改变,并由此引发的结果。

同它相关的指标的选择取决于选择的手段以及基本准则。欧洲环保部门于 2005 年发布相关报告,指明同它相关的指标选择主要包含社会可承载力,污物的排量与经济进步状况,生态体系与气候的平稳性,生物的丰富性以及土地、资源的运用状况等[72]。

5) 响应

它是为了恢复或者维护已经遭到损害的生活或生态环境,相关单位或者个人、机构等选用的对生态状况造成一定作用的举措。所以在以该模型作为基础的生态文明项目全面评估当中,经济与社会的进步以及人口增加充当长期性推动力,使得城市环境以及生态面临更大的负担,接着将导致生态环境状况出现变化,如此又对经济与社会的平稳运行以及生态环境造成多方面的作用,此类作用将让人类进行响应,采取有关举措对生态环境展开优化,从而达成自然同人的平稳进步及和平相处[73]。

4.3 指标体系构建原则

构建指标体系须遵循以下原则。

1) 科学性原则

指标系统必须合理且科学,才具备探究的价值。所谓的科学是指,我们选择的评价计算方法、计算单位、计算的意义必须能体现科学性和客观性[74]。各个指标在建立的时候必须有所依据,不能凭空想象,不能主观臆测,要尊重客观事实,遵循事务的科学发展规律和本质[75]。

2) 系统性原则

资源型城市绿色转型指标体系涉及经济运行、社会发展、民生问题以及生态环境安全等,因此具有一定的系统复杂性,各个部分又有一定的关联,因此,必须将其看做一个复杂系统,整体权衡和衡量[76]。绿色转型与生态系统、环境系统、经济系统和社会系统之间都有着极为密切的联系,因此合理地评价资源型城市绿色转型有一定的科学意义,因而必须遵循系统性原则[77]。

3）可获得型原则与可操作性原则

选取指标系统要确定并且保证用来计算这个指标的数据可得性，并且考虑研究对象的样本可得性，两者缺一不可。此外还有一个尤为重要的事情，就是关于评价一定是有实际意义并且可为政府决策作参考，因此，指标体系还要由现实和理论体系共同支撑，以保证评价的效用[78]。

4）绿色发展优先原则

人类进步是绿色发展的根本目标，人类是绿色发展真正的以及最大的受益者[79]。因此，在设定指标体系的时候，尤其要考虑转型中涉及的绿色发展的部分，进而确定转型成功与否以及转型的绩效。

4.4　指标体系构建

本研究在界定资源型城市绿色转型概念的前提下，自下而上，构建资源型城市绿色转型指标体系，进行逐层分析。将资源型城市绿色转型作为目标，以 DPSIR 模型为分析框架，涵盖驱动力（D）、压力（P）、状态（S）、影响（I）和响应（R），将其有效结合进而反映资源型城市绿色转型效果；并考虑相关要素，结合以往的研究经验，考虑 101 个资源型城市 2002—2016 年 15 年的数据可得性及数据的完整性，选取涉及经济、社会、环境等方面的 25 个指标，资源型城市绿色转型评价指标体系如表 4 - 1 所示。

表 4-1　DPSIR 框架下资源型城市绿色转型评价指标体系

目标层	准则层	要素层	指标层	单位
资源型城市绿色转型评价	驱动力(D)	资源禀赋	人均水资源 X_1	立方米
			城市土地人均面积 X_2	平方米/人
			年平均人口数 X_3	万人
		经济发展	人均 GDP X_4	万元
			GDP 实际增速 X_5	%
			规模以上工业企业工业总产值 X_6	万元
			实际利用外资金额 X_7	万美元
		社会生活	普通中学学校数 X_8	个
			人口密度 X_9	万人/平方千米
	压力(P)	社会消耗	城市工业生产用电量 X_{10}	万千瓦时
			城乡居民生活用电量 X_{11}	万千瓦时
			城市供水总量 X_{12}	万立方米
		社会压力	城镇登记失业人员数 X_{13}	人
	状态(I)	社会状态	第二产业增加值占 GDP 比重 X_{14}	%
			第三产业增加值占 GDP 比重 X_{15}	%
		环境状态	城市建成区面积 X_{16}	平方千米
	影响(S)	社会影响	第三产业就业人员占全部城镇单位就业人员比重 X_{17}	%
	响应(R)	经济收入	固定资产投资 X_{18}	万元
			一般公共预算支出(科学技术)X_{19}	万元
			一般公共预算支出(教育)X_{20}	万元
		城市绿色空间	城市建成区绿化覆盖率 X_{21}	%
			城市公园绿地面积 X_{22}	平方千米
			人均城市绿地面积 X_{23}	平方千米
		城市绿色交通	人均公交车 X_{24}	辆
			人均道路面积 X_{25}	平方米/人

4.5 基于熵权的改进 TOPSIS 方法

美国数学家香农(1948)最早提出了信息熵的概念[79],目的是为了对信息进行更好的定量分析。在物理学中,熵是热力学中一个衡量分析混乱程度的概念,香农结合了热力熵的概念,对信息来源的不确定性,提出用信息熵来解释和有效衡量的观点。香农定义的信息熵如下:

假设存在一个离散的随机变量,我们称为:$X_1 = \{x_1, x_2, x_3 \cdots, x_n\}$,其信息源以 $p_i = P(x_i)(i = 1, 2, \cdots, n)$ 的概率出现,同时, $\sum_{i=1}^{n} p_i = 1$。

X 的信息熵可表示为以下公式[80]。

$$H(x) = \sum_{i-1}^{n} p_i \log_2 \frac{1}{p_i} = -k \sum_{i=1}^{n} p_i \ln p_i \qquad (4.1)$$

信息熵的原理是对信息量进行衡量,计算指标的信息熵可以将指标的原始信息体现出来。一般而言,一个指标能够带给我们多少信息量在很大程度上受到了信息熵的影响,信息熵越小,该指标越能够带给我们越多的信息量,其越有贡献于评价结果,所以在综合评价结果中该指标占据着较大的比重。反之,越大的信息熵,意味着越少的信息量,越是较小贡献于综合评价结果,其在综合评价结果中越是占据较少的比重。熵值法作为赋权法的一种相对比较客观。对比因子分析方法,信息熵的过程计算简单,并且限制因素少,比如不需要强调数据的正态分布,等等。

TOPSIS 计算模型最早由 C.L.Hwang 和 K.Yoon(1981)提出,是著名的经典指标计算方法之一[81]。TOPSIS 定义了理想值和负理想值。理想值就是最终所形成的方案属于最优,这意味着该方案当中的各项指标都比较好,反之如果这些指标的数据比较低,那么就属于负理想值。通过对比分析,越是靠近理想值的方案,且远离于负理想值,那么在所有的备选方案当中此方案就属于最佳。TOPSIS 依据上述方法来找出最优方案。该方法的基本前提是所有变量是递减或者递增,在这个前提下,TOPSIS 采用欧式距离的测量方法来对理想值和负理想值进行计算,然后按照优劣的等级来排列各指标最佳解和最差解的欧式距离[82]。离最佳解距离近,离最差解距离远,评估结果好,反之,评估结果差[83]。

1) 构建评价矩阵

假设一共有 n 个待评价的对象,m 个评价指标,可以形成原始的数据矩阵 $\boldsymbol{R}=(r_{i,j})_{m \times n}$:

$$\boldsymbol{R}=\begin{bmatrix} r_{11} & r_{12} & \cdots & r_{1n} \\ r_{21} & r_{22} & \cdots & r_{2n} \\ \vdots & \vdots & \vdots & \vdots \\ r_{m1} & r_{m2} & \cdots & r_{mn} \end{bmatrix} \tag{4.2}$$

$$(i=1,2,\cdots,m\,;j=1,2,\cdots,n)$$

2) 指标的标准化

为了使不同资源型城市绿色转型的各个指标具备一定的可比性,需要对指标的原始数据进行数据标准化处理。一般指标分为效益型指标和成本型指标,效益型指标的数值越大越好,指标的数据标准化公式如下:

消耗性指标:

$$r'_{ij}=\frac{r_{ij}-\min_j\{r_{ij}\}}{\max_j\{r_{ij}\}-\min_j\{r_{ij}\}} \tag{4.3}$$

收益性指标:

$$r'_{ij}=\frac{\max_j\{r_{ij}\}-r_{ij}}{\max_j\{r_{ij}\}-\min_j\{r_{ij}\}} \tag{4.4}$$

根据以上公式对指标原始数据进行标准化处理,得到 $R'=\{r'_{ij}\}_{m \times n}$,且 $r'_{ij} \in [0,1]$。

3) 计算资源型城市绿色转型指标的熵

本研究一共选取了 25 个指标作为评估指标,选取了 101 个资源型城市作为研究对象,我们把 25 个指标定义为 m,101 个城市作为评估对象,定义

为 n。具体公式如下：

$$H_i = -\frac{1}{\ln n}\sum_{j=1}^n \frac{r'_{ij}}{\sum_{j=1}^n r'_{ij}}\ln\frac{r'_{ij}}{\sum_{j=1}^n r'_{ij}} \tag{4.5}$$

$$(i=1,2,\cdots,m;j=1,2,\cdots,n)$$

4）计算评价指标的熵权

在有 m 个评估指标、n 个评价对象的评估问题中，第 i 个评价指标的熵权定义式如：

$$W_i = \frac{1-H_i}{m-\sum_{i=1}^m H_i} \tag{4.6}$$

5）构造加权的标准化决策矩阵

$$Z_{ij} = r'_{ij}W_i(i=1,2,\cdots,m;j=1,2,\cdots,n) \tag{4.7}$$

即得到加权的标准化决策矩阵

$$Z = (z_{ij})_{m\times n} \tag{4.8}$$

6）确定理想值和负理想值，参见如下公式：

$$X_i^+ = (X_1^+,X_2^+,\cdots,X_m^+) \tag{4.9}$$

$$X_i^- = (X_1^-,X_2^-,\cdots,X_m^-) \tag{4.10}$$

其中，对于效益型指标来说，$\begin{cases} X_i^+ = \max z_{ij} \\ X_i^- = \min z_{ij} \end{cases}$

对于成本型指标来说，$\begin{cases} X_i^+ = \max z_{ij} \\ X_i^- = \min z_{ij} \end{cases}$。

7）欧式距离计算

计算各资源型城市各个指标的值，并计算其与理想值和负理想值的欧式距离 s_j^+ 和 s_j^-，如以下公式所示：

$$s_j^+ = \sqrt{\sum_{i=1}^m (z_{ij}-X_i^+)^2} \tag{4.11}$$

$$s_j^- = \sqrt{\sum_{i=1}^{m}(z_{ij} - X_i^-)^2} \qquad (4.12)$$

8）计算相对贴近度

计算各评价对象与理想值的相对贴近度 D_j，如下式：

$$D_j = \frac{s_j^-}{s_j^+ + s_j^-} \qquad (4.13)$$

D_j 为各评价对象的综合评价得分，D_j 越大，评价对象的排名越靠前，转型效果越好；D_j 越小，评价对象的排名越靠后，其转型效果越差。

4.6　资源型城市绿色转型指数

鉴于数据的可得性等综合因素，本书选取了 101 个资源型城市，并结合所选的指标体系中对应的 DPSIR 框架下，涉及环境、社会、经济、发展的 25 个指标，通过运用基于熵权改进的 TOPSIS 方法，进行归一化计算，进而得到每个资源型城市在当年的绿色转型指数。不同于以往研究中对转型的考证，本书更加偏重于考虑资源型城市转型过程中的环境因素以及绿色发展和可持续性因素，以及与之相对应的社会因素和民生福祉。

我们选择了 101 个地级资源型城市作为研究样本，具体包括：唐山、邯郸、邢台、张家口、大同、阳泉、长治、晋城、朔州、晋中、运城、忻州、临汾、包头、乌海、赤峰、鄂尔多斯、鞍山、抚顺、本溪、阜新、葫芦岛、吉林、辽源、通化、白山、松原、鸡西、鹤岗、双鸭山、大庆、伊春、七台河、牡丹江、徐州、宿迁、湖州、淮南、马鞍山、淮北、铜陵、滁州、宿州、池州、宣城、三明、南平、龙岩、新余、赣州、宜春、淄博、枣庄、东营、济宁、泰安、临沂、洛阳、平顶山、鹤壁、焦作、濮阳、三门峡、南阳、黄石、鄂州、衡阳、邵阳、郴州、娄底、韶关、云浮、百色、河池、萍乡、自贡、攀枝花、泸州、广元、南充、广安、达州、安顺、毕节、曲靖、保山、昭通、铜川、宝鸡、咸阳、渭南、延安、榆林、金昌、白银、武威、张掖、平凉、庆阳、石嘴山、克拉玛依。绿色转型指数 2002、2016 年前十位、后十位排名分别如图 4 - 2、图 4 - 3、图 4 - 4、图 4 - 5 所示。

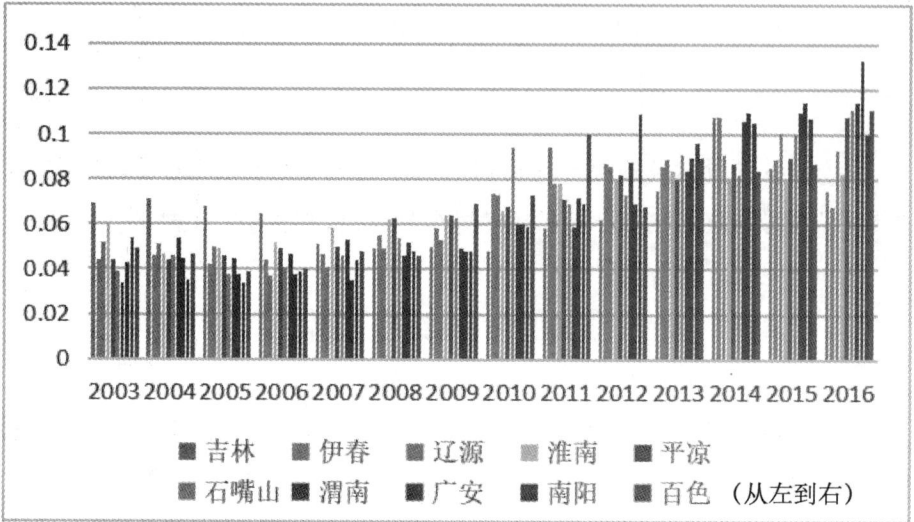

图 4 - 2 绿色转型指数排名前十位（2002）

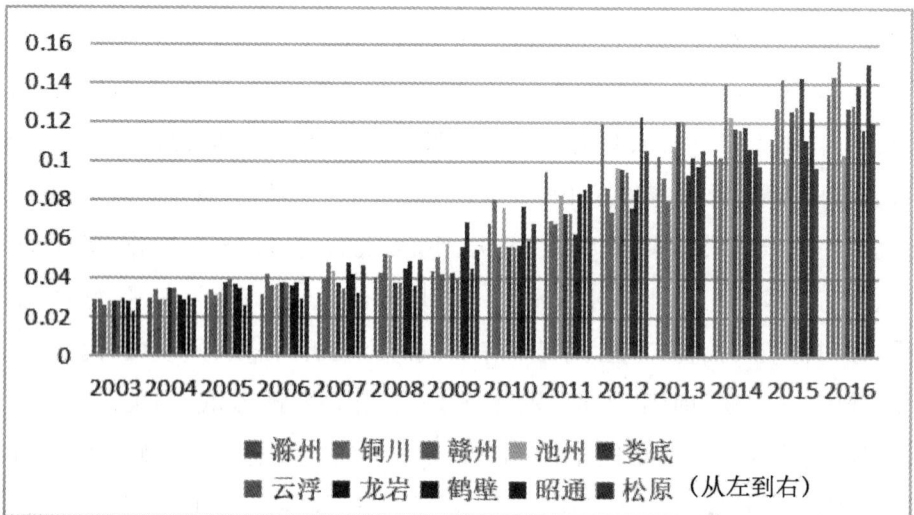

图 4 - 3 绿色转型指数排名后十位（2002）

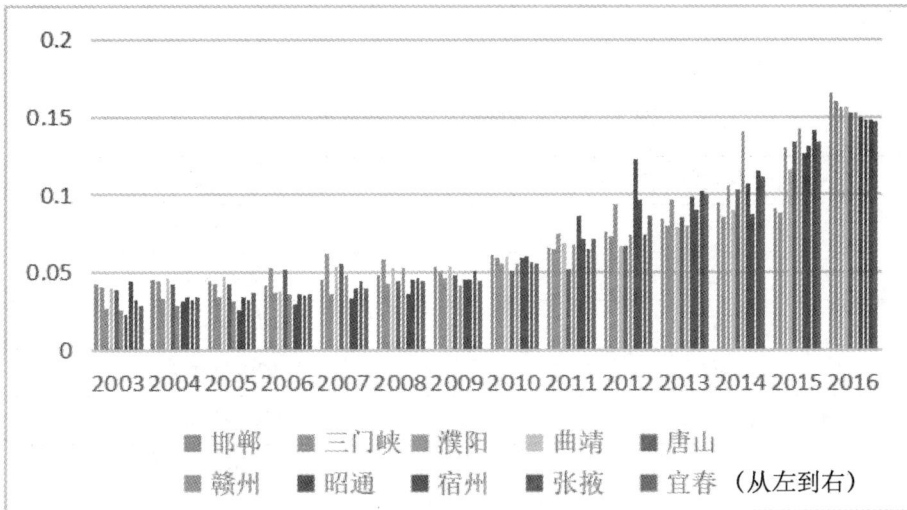

图 4 - 4　绿色转型指数排名前十位(2016)

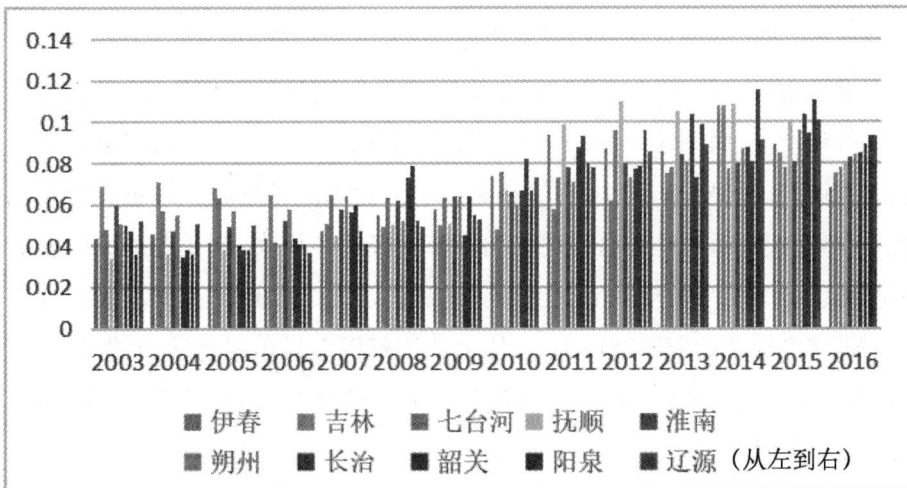

图 4 - 5　绿色转型指数排名后十位(2016)

通过对 101 个城市 15 年间的绿色转型指数进行分析,我们将所有数据进行中位数计算统计分析,将资源型城市转型分为五个等级,具体如表 4 - 2 所示。

表 4 - 2　不同转型系数对应转型效果

转型指数所在区间	转型效果
$(-\infty, 0.025)$	转型不成功
$(0.025, 0.065)$	转型效果差
$(0.065, 0.105)$	转型效果一般
$(0.105, 0.145)$	转型效果较好
$(0.145, +\infty)$	转型比较成功

　　为了更加直观,我们选取 2002 年、2016 年作为观测时间点。不难看出,在最初的 2002 年,由于国家并未出台相关的政策文件,整体上来看,我国资源型城市的绿色转型指数是很低的,体现在在山西、河南等中部地区以及西南地区,虽然已经显现资源枯竭的现象,但未引起重视,绿色转型效果很差。东北老工业区一些煤炭资源型城市由于较早地施行破产整顿,已经逐步发展了替代产业,因此转型效果一般。随着时间的推移,2008 年,国家进行产业结构调整,关停了一些小煤矿,在 2009 年,我国资源型城市绿色转型状况仍未有较大改善,但是转型不成功的城市已经逐步消失,东北老工业区发展不明显。在 2016 年,全国情况已有明显改善,在山西、山东、贵州等省份涌现出一批转型成功的资源型城市,总体上我国资源型城市绿色转型效果明显。因此,不难看出,绿色转型尤其在政策提出后具有明显的时间滞后性,是个长期复杂的系统工程。

第 5 章

空间效应分析

5.1   模型设计

资源型城市分布在全国各地,不具有空间分布的规律性,并且由于资源禀赋所带来的地域差异,使得资源型城市处于离散分布的状态。绿色转型不是一蹴而就的,而是一个循序渐进的复杂过程,从转型的表现来看:首先是产业结构层次的上升,其过程可以概括为从资源重度依赖型产业转向资源依赖度较低的产业,从劳动密集型产业转向资本密集型、技术密集型产业,从粗放型产业转向集约型产业以及从高碳排放产业转向低碳排放产业的过程;其次是生态环境的改善,比如二氧化硫排放量的降低,水环境、空气环境、噪声环境质量等的改善[84]。

因此,上一章,我们通过熵权法计算了 101 个资源型城市 2002—2016 年间的 25 个指标,计算得出资源型城市绿色转型的综合情况,描述转型的水平和情况,我们定义为资源型城市绿色转型指数。

本章通过借助空间计量模型进行实证分析,结合上一章的内容和计算结果,定量说明对资源型地区绿色转型具有影响的各变量在空间溢出效应下的作用力大小。通过对几种空间模型的选择得到空间计量模型,并对我国资源型城市绿色转型的空间溢出效应进行分解,说明空间溢出的直接效应、间接效应及反馈效应的表现形式,从而为我国资源型城市绿色转型的空间溢出效应机制的利用及加强提供政策依据。

5.2 数据来源和变量选取

本书通过参考我国 2002 年到 2016 年的《中国统计年鉴》以及《环境统计年鉴》等资料,可以得到在此期间我国 101 个地级以上资源城市的相关统计数据,在此基础之上进行实证分析。

1) 因变量:资源型城市绿色转型指数

在已有学者的研究基础上,本书在准则层中借鉴 DPSIR 分析框架,包括驱动力、压力、状态、影响和响应 5 类指标,依据完整性、科学性和可操作性原则,考虑到 101 个资源型城市 2002—2016 年 15 年的数据可得性及数据的完成性,研究所设定的具体指标数量共计 25 个,涵盖了经济、人口以及环境等多个领域。通过上文不难得知,资源型城市越是具有较大的绿色转型指数,则说明其产生了越为显著的转型效果,该指数主要立足于经济、社会、人口、资源等维度来对资源型城市绿色转型绩效进行评价,能够对最终的转型成果做出较为科学、全面的衡量,同时还可以有效衡量资源型城市是否比较具备较高的绿色发展水平。本研究认为,以下因素均可能会制约到城市绿色发展的水平,具体包括:产业结构升级,经济发展,社会消费,教育水平[85],科技创新[86]。

2) 自变量:产业结构

资源型城市产业的绿色转型在一定程度上是产业结构组成的优化升级,包括:农业方面,更加绿色环保和现代化,比如通过对传统农业资源进行合理利用,提升农业现代化,建立新形势下的现代农业发展体系。工业方面,工业为经济增长提供主要的内生动力,基于原有的资源型产业实现传统产业的绿色升级改造和资源的可持续开采,同时也包括新兴产业的植入[87]。

通过融入更多的现代科技手段来优化升级传统资源型产业,通过对生产方式进行优化和创新使整个产业链得以延伸,不断提升产品自身的价值,既要注重发挥煤炭产业自身的优势,同时还要兼顾长远发展,充分发挥经济建设中资源型产业的重要作用。通过科学的方式合理开发和利用煤炭资源就是对资源的绿色开采,通过这种方式实现更加高效的开采,确保所选取的开采方式具有较强的清洁性,并且在开采的同时还要及时对采空区进行回填。通过引入新兴产业增强产业发展的后劲和续航能力,用来更好地弥补传统的产业。如加大第三产业的发展,发展旅游业以及生态产业等,或者发展生态农业等,使得产业结构更加合理,避免单一化发展[88]。本书为了深入分析,在对产业结构情况进行衡量的时候依据了第三产业的占比。

3)自变量:经济发展

以绿色转型的理念为指导来促进经济增长,就是要对资源进行保护性的开发,确保环境的安全,使环境容量处于承载所允许的范围,使破坏的生态功能能够迅速得到恢复。资源回收就是回收和重复利用生产中所形成的废水,比如重复利用通过处理后的矿井水。为了能够将经济增长的真实水平充分体现出来,本书在对经济发展程度进行衡量时所使用的指标为人均 GDP[89]。

4)自变量:社会消费

胡鞍钢(2012)认为绿色发展就是实现社会、经济以及生态的和谐统一,其表现特征为消费更加趋于合理、消耗和排放相对较低、生态资本越来越多,实现的途径为绿色创新,最终的目的在于获得更多的绿色财富,将更多的绿色福利提供给人类,其根本宗旨在于实现人和自然的和平共处[31]。

北京师范大学、西南财经大学等科研基地全面评价了绿色发展理念在我国的实施情况[90]。借鉴其相关研究,本书通过社会消费总量对资源型城市绿色转型的社会消费影响因素来进行衡量。

5)自变量:外商投资

国内的学者针对中国国情,提出通过影响投资来影响资金的分配功能,进而实现产业结构的调整,通过产业结构的变化来影响转型。蔡红艳和阎庆民(2004)指出,充足的资金支持是实现产业转型升级的必要保障,而行业成长性的差异也决定了对资金的需求程度也不一样[92],金融部门在服务于实体经济的过程当中,会对产业之间的不同资金需求进行准确的识别[93]。

6)控制变量:教育水平

转型与人力资本有着密不可分的关系[94][95],很多研究虽然获得了比较详实的数据,但是却难以得到大量最直接需要的数据,比如地级以上城市中人们各个学历层次的结构情况等。很多研究在对人力资本进行测量时所依据的都是中小学入学率等指标,有的文献指出学校以及研究结构能够提供水平更高的人力资本,如柯善咨等(2014)将城市人力资本指标设定为普通高校的在校人数,然而通过高校在校人数我们所看到的很多都是表面现象,因为毕业生大部分都选择到外地参加工作,留在本地的非常少,因此也不宜视为本地人力资本[96]。本书讨论的是资源型城市绿色转型升级问题,为了更好地体现经济性及资本性[97],我们选取当地教育投入作为衡量资源型城市教育水平的指标。

7)控制变量:科技进步

科技进步主要是围绕资源型城市绿色经济增长方式改变而产生的,它促进了资源型城市绿色转型能力的提升,也为资源型城市绿色转型提供了可转变的机会[98]。资源型企业的创新能力可以为技术进步带来先决条件[99],创新以及科技进步需要国家政策扶持,通过国家政策扶持的传导作用,把科技进步所带来的增长模式的创新传到各企业,进而带动企业发展[100]。政府发挥主要作用,比如科技人才引进、财政投入、政策扶持等,最终带动资源型地区绿色转型。由于数据的可得性,本书选择科技人员的从业人数来衡量科技创新,科技人员从业人数一方面可以反映资源型城市在科技上的投资,另一方面,科技人员属于人力资本,也可从资本视角反映科技创新对绿色转型的作用。

变量定义、数据来源、变量统计描述如表 5-1 所示。

表 5 - 1　变量描述性统计

变量类型	变量	变量符号	指标选择	个数	平均值	最大值	最小值
因变量	绿色转型水平	*trans*	资源型城市绿色转型指数	1 515	0.067	0.02	0.165
自变量	产业结构	*industru*	第三产业GDP 比重	1 515	38.906%	10.15%	9.92%
	经济发展	*economy*	人均 GDP（元）	1 515	38 549.837	0.21	9 976
	社会消费	*consum*	社会消费品（元）	1 515	1 436 111	1 000 041	999 408
控制变量	外商投资	*fdi*	实际利用外资额（元）	1 515	10 319.693	1	99 536
	教育水平	*edu*	一般预算支出教育（元）	1 515	78 619.265	100 218	99 867
	科技创新	*tech*	科技人数（人/市）	1 515	268 000	5 210 000	1 000

通过实证分析所涉及的相关数据不难发现，其特点主要如下：

（1）科学性。在数据可得的前提下，本书较为详尽和全面地囊括了几乎所有的地级市以上的中国资源型城市，在研究体系当中增加了关于省市异质性的内容，从而能够对影响资源型城市绿色转型的因素进行分析，具体包括科技、投资、产业结构以及经济等多个方面。并且对已有的理论研究成果进行借鉴，在此基础上来确定相应的控制变量，所确定的影响因素相对可信，选择的数据相对科学。

（2）全面性。本书在对资源型城市绿色转型进行研究的过程当中，所设定的控制变量还有三个（社会消费、经济发展等以外的因素），能够有效地对人口、经济以及资源等因素的变化进行分析，判定出这一变化是否会显著影响到资源型城市绿色转型。

(3)可靠性。本书立足于现实研究之上搜集了地级资源型城市的数据，确定了适合的测度方法，在研究当中增加了各地区发展的异质性因素。除此之外，由于大部分都是从官方渠道获得的数据资料，因此可信度比较高。

5.3　资源型城市绿色转型的空间效应模型

通过空间计量经济学不难发现，空间自身所具备的差异性以及依赖性是导致产生空间效应的根本原因。空间依赖性指的是某地区和相邻地区之间的被解释变量存在着密切的关联[101]，也就是说从空间上来说属于彼此关联的变量，其中空间的绝对位置和相对位置是形成这种相关关系的基本前提[102]。

空间差异性由于异质性存在于空间单位当中，因此在区域当中难以产生相同的空间效应[103]。而这种传统计量方法的缺陷能够通过空间计量方法得到有效弥补，从而构建更加科学合理的空间回归计量模型[104]，包括空间滞后模型（Spatial Lag Model，SLM）、空间误差模型（Spatial Error Model，SEM）以及后续发展的包含解释变量空间滞后项的空间杜宾模型（Spatial Dubin Model，SDM）等形式。其中空间滞后模型又称为空间自回归模型（Spatial Autoregressive Model，SAR）。

本书的研究与以往研究相比创新之处在于，指出了资源型城市绿色转型的空间溢出会显著影响到相邻资源型城市。本书借助空间面板数据，建立我国资源型城市绿色转型、产业结构升级、经济发展、社会消费、教育支出、科技投入等彼此关系的模型，从驱动因素和时空演化两个层次对资源型城市转型情况进行说明。

1) 空间滞后模型

$$y_{ij} = c + \rho W y_{i,t-1} + \alpha_1 industru_{it} + \alpha_2 W \times industru_{it} + \alpha_3 economy_{it} +$$

$$\alpha_4 W \times economy_{it} + \alpha_5 consum_{it} + \alpha_6 W \times consum_{it} + \alpha_7 fdi_{it} + \alpha_8 W \times fdi_{it} +$$

$$\alpha_9 edu_{it} + \alpha_{10} W \times edu_{it} + \alpha_{11} tech_{it} + \alpha_{12} W \times tech_{it} + \mu_{it} \qquad (5.1)$$

2) 空间误差模型

模型基本形式为

$$y_{it} = \alpha_{it} + x_{it} \beta_{it} + \mu_{it} \qquad (5.2)$$

其中，$\mu_{it} = \lambda \bar{\omega} \upsilon_{it} + \varepsilon_{it}$。

3) 包含解释变量空间滞后项的空间杜宾模型

模型基本形式为

$$y_{it} = d \sum_{j=1}^{N} W_{ij} y_{jt} + X_{it} \beta + \nu \sum_{j=1}^{n} W_{ij} x_{jt} + \mu_i + \nu_i + \varepsilon_{it} \qquad (5.3)$$

在模型(5.1)~(5.3)中，被解释变量为 y_{it}，表示资源型城市绿色转型指数，表示第 i 个资源型城市在第 t 年的绿色转型指数。$\rho W y_{i,t-1}$ 为滞后项，表示资源型城市绿色转型的惯性作用，考察在相邻区域上的空间溢出效应。W 为空间权重矩阵，为了精确表达，本书选取资源型城市的地理距离，来构建地理距离矩阵作为空间权重矩阵。解释变量为 x_{it}，包含产业结构 $industru$，用第三产业 GDP 比重来表示；经济发展水平 $economy$，用人均 GDP 来衡量；社会消费 $consum$，用社会消费品总额来表示；投资 fdi，用实际利用外资额来表示；教育 edu，用一般教育支出来表示；科技水平 $tech$，用科技从业人数来表示。$\sum_{j=1}^{N} W_{ij} y_{jt}$ 为被解释变量的滞后项，$\sum_{j=1}^{N} W_{ij} x_{jt}$ 为解释变量的滞后项，μ_i 为个体固定效应，ν_t 为时间固定效应，ε_{it} 为误差项，X_{it} 为解释变量。

5.4　空间计量实证分析

通过相关的研究不难发现，从空间溢出效应层面来研究资源型城市绿色转型的非常少，同时对转型的空间相关性也缺乏足够的研究。因此本书在研究体系中增加了空间因素，借助于空间计量工具分析了绿色转型的时空演变过程。具体通过以下方式进行空间计量实证分析[105][106]：

第一，进行空间权重矩阵的设定，为空间计量实证分析的顺利进行奠定坚实基础。

第二，检验 Moran's I 指数，对各省市数据在整体空间层次上是否具有相关性予以确定。

第三，借助于 LM 检验和 LR 检验，确定比较适合的空间计量模型。

第四，借助于上述的模型和工具就能够完成回归分析工作。

5.4.1 构建地理距离空间权重矩阵

各个经济区域之间所拥有的资源是不同的，生产要素的分布也不可能完全均衡，由此必然会导致地区因素极大地影响到区域经济发展[107]。空间数据最显著的特征就是空间的依赖性以及自相关性，较之于传统的计量模型而言，空间计量模型对于较为复杂的区域经济问题具有较强的处理能力。

通过以下三种方式可以用以选择空间权重矩阵：①构建邻接矩阵；②构建基于地理距离的空间权重矩阵；③构建基于经济距离的空间权重矩阵。本书所使用的矩阵模型为第二种，在确定地理距离空间权重矩阵时所依据的是两地间距离的倒数，其权重随着距离的减少而增大，两者的关系为负相关，反之，权重也就越小。定义如下：

$$W_{ij} = \begin{cases} \dfrac{1}{d_{ij}} & 若\ i \neq j \\ 0 & 若\ i = j \end{cases} \tag{5.4}$$

这里 d_{ij} 指的是 i 和 j 两个不同的资源型城市彼此的间距，具体的计算方式为平均后的铁路和公路距离。

在实证分析的时候，要明确采取空间计量分析的适用性，因此必须要对其是否具有空间关联性进行检验。如果这种关联性切实存在，那么在实证分析的时候就适合选择空间计量工具。为了验证本书所选取的研究对象是否存在空间相关性，本书借选取的 Moran's I 指数的公式如下所示：

$$Moran's\ I = \frac{\sum\limits_{i=1}^{n}\sum\limits_{j=1}^{n}W_{ij}(Y_i - \overline{Y})(Y_j - \overline{Y})}{S^2 \sum\limits_{i=1}^{n}\sum\limits_{j=1}^{n}W_{ij}} \tag{5.5}$$

其中，$S^2 = \frac{1}{n}\sum\limits_{i=1}^{n}(Y_i - \overline{Y})^2$，$\overline{Y} = \frac{1}{n}\sum\limits_{i=1}^{n}Y_i$，$Y_i$ 代表第 i 个地区的观察值，n 为地区总数，W_{ij} 为空间权重矩阵。Moran's I 应当在[-1,1]的区间内取值，如果 Moran's I 的取值为 0，那么说明各地区空间的相关性表现为正，越是较大的数据，说明越是具有较强的正相关性；小于 0 表明空间负相关；取值为 0 则说明各地区间不存在任何的关联性。通过以上公式不难发现，在指数存在非常强的显著性时，其绝对值如果比较接近 1，那么就意味着空间的相关性就相对更强。

5.4.2 全局空间相关性分析

本书通过运用 Geoda、Stata 软件对我国 101 个地级以上资源型城市 2002—2016 年间转型指数、产业结构、经济发展、社会消费、外商投资、教育及科技发展的空间相关性进行检验。选取地理距离空间权重矩阵计算 Moran's I 指数，检验结果如表 5－2 所示。总体来看，通过显著性检验的 Moran's I 占据了大多数，说明了各个变量的空间相关性非常强。

表 5－2 各个变量的 Moran's I 指数

变量	*trans*	*industru*	*economy*	*consum*	*fdi*	*edu*	*tech*
2002	-0.012	-0.016	-0.025**	-0.044***	-0.04***	-0.017*	-0.011
2003	-0.008	-0.024***	-0.024***	-0.037***	-0.042***	-0.014	-0.013
2004	-0.02**	-0.025***	-0.024***	-0.039***	-0.035***	-0.025***	-0.013
2005	-0.004	-0.008	-0.024***	-0.038***	-0.032***	-0.026***	-0.015
2006	-0.01	-0.008	-0.024***	-0.036***	-0.022**	-0.03***	-0.012

（续表）

变量	*trans*	*industru*	*economy*	*consum*	*fdi*	*edu*	*tech*
2007	−0.008	−0.012	−0.034***	−0.041***	−0.032***	−0.054***	−0.014
2008	−0.018*	−0.022**	−0.027***	−0.043***	−0.035***	−0.047***	−0.014
2009	−0.016*	−0.018**	−0.029***	−0.046***	−0.035***	−0.049***	−0.012
2010	−0.014	−0.026***	−0.027***	−0.036***	−0.043***	−0.041***	−0.014
2011	−0.018***	−0.023***	−0.031***	−0.039***	−0.036***	−0.044***	−0.015
2012	−0.013	−0.022**	−0.028***	−0.037***	−0.032***	−0.039***	−0.016**
2013	−0.012	−0.022**	−0.022**	−0.036***	−0.04***	−0.029***	−0.018**
2014	−0.008	−0.031***	−0.024***	−0.038***	−0.037***	−0.034***	−0.017**
2015	−0.052***	−0.034***	−0.017***	−0.036***	−0.035***	−0.028***	−0.015
2016	−0.05***	−0.035***	−0.013**	−0.036***	−0.031***	−0.033***	−0.013

注：*、**、***分别表示在10%、5%、1%的显著性水平下显著。

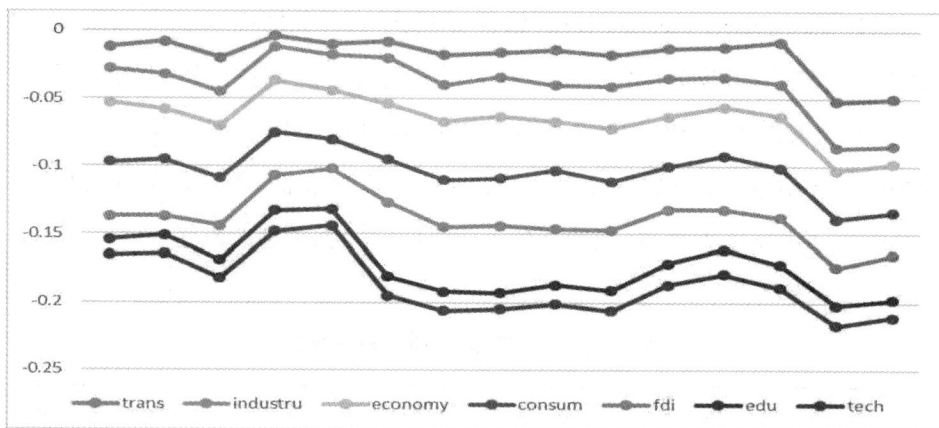

图 5-1　Moran' I 指数变化趋势图

　　表5-2显示了当地理距离为空间权重时的资源型城市绿色转型水平、产业结构、经济发展、社会消费、外商投资、教育水平和科技发展 7 个变量 2002—2016 年 15 年的 Moran's I 指数值。图 5-1 给出各个变量在 15 年间

的 Moran's I 指数变化趋势。从整个图表可以看出来,空间相关性每年都存在较高显著性的的是经济发展水平、社会消费、外商投资和教育投入,存在显著的空间负相关关系,就是说,资源型城市空间分布聚集度越小的地方,经济发展水平越高,外商投资和社会消费也相应越多,教育投入也就越大。随着时间推移,经济发展水平、社会消费、外商投资和教育投入的 Moran's I 指数呈现随年份的波动下降趋势,由于其是负值,说明经济发展水平、社会消费、投资和教育水平与空间分布的相关性在增强。其次,由 Moran's I 的指数统计值(显著水平在表中以星号体现)可以分析得出结论,在 2002 年,资源型城市产业结构的 Moran's I 指数为负数,并且不显著,表明我国资源型城市产业结构的空间相关性不强,同时,相邻资源型城市之间的产业结构差异比较法,因此,导致 Moran's I 指数显示为负值;在 2003、2004 这两年,产业结构空间相关性显著为负,Moran's I 指数通过 1% 的显著性水平检验;2008 年至今,产业结构开始显现显著的空间负相关性,并且随时间呈现增强趋势。绿色转型指数在 2004 年、2008 年、2009 年、2011 年、2015 年、2016 年呈现出显著的空间负相关性,空间越集聚的资源型城市,绿色转型水平越低,当地转型水平连片发展现象越发明显。绿色转型呈现显著空间相关性的年份跟国家政策的制定密不可分。比如,在 2007 年底,国务院办公厅印发《关于促进资源型城市可持续发展的若干意见》,明确了促进资源型城市可持续发展的指导思想及省级人民政府的责任主体地位,因此,资源型城市绿色转型就会以省为单位统一开展;在随后的 2008、2009 两年,呈现显著空间相关性。在科技人才方面,2012—2014 年对转型的影响是显著的;在 2010 年底,发改委发布《2010 年振兴东北地区等老工业基地工作进展情况和 2011 年工作要点》,明确提出东北资源型地区区域经济一体化以及科技人才投入。

5.4.3　模型选择及计算

首先,基本面板回归。为了能够准确地估计资源型城市绿色转型效果的影响因素,利用 Stata 软件对不包含空间交互效应的传统面板模型进行估计,分析了在不考虑空间因素的各个变量之间是否存在显著的关联性,需要选择合适的变量及参数。其次,如何选择空间计量模型,即 SAR 模型和 SEM 模型之间的选择,进行了 LM 检验。具体包括了四个检验:*LMLAG*、*LMEER*、*Robust LMLAG* 和 *Robust LMEER*。如果 *LMLAG* 比 *LMEER* 的值大且更显著则选择 SAR 模型,如果 *LMEER* 比 *LMLAG* 大且更显著则选择 SEM 模型。本书的检验结果如表 5 - 3 显示,在同样的显著水平下,*LMLAG*(836.2170)大于 *LMEER*(635.1101),并且,相比 *Robust LMEER*,*Robust LMLAG* 更为显著可知,使用地理距离空间权重矩阵时,我们应该选择 SAR 模型来进行后续计算。最后,使用 LR 检验判断是否需要考虑个体固定效应、时间固定效应以及同时使用个体、时间固定效应(即双向固定效应)。本书进行了两个 LR 检验,具体见表 5 - 4。模型表征如下:

$$y_{it} = c + \rho W y_{i,t-1} + \alpha_1 industru_{it} + \alpha_2 W \times industru_{it} + \alpha_3 economy_{it}$$

$$+ \alpha_4 W \times economy_{it} + \alpha_5 consum_{it} + \alpha_6 W \times consum_{it} + \alpha_7 fdi_{it}$$

$$+ \alpha_8 W \times fdi_{it} + \alpha_9 edu_{it} + \alpha_{10} W \times edu_i + \alpha_{11} tech_{it} + \alpha_{12} W \times tech_i + \mu_{it}$$

$$(5.6)$$

表 5 - 3　非空间面板模型的 OLS 估计结果及 LM 检验

变量	回归系数	t 值
industru	0.292395(***)	12.679068
economy	0.595228(***)	10.702143
consum	−0.090911(*)	−1.771812
fdi	−0.000259(***)	−18.682174
edu	0.00036(***)	19.52475
tech	−0.000001(0)	−0.360465
R^2	0.3891	*Durbin-Watson*　1.5765

（续表）

变量	回归系数	t 值
loglikols	0	sigma^2 0.027
Rbar-squared	0.3864	
LMLAG	836.2170(***)	LMEER 635.1101(***)
Robust LMLAG	202.0037(***)	Robust LMEER 0.8967(0)

注：*、**、***分别表示在10%、5%、1%的显著性水平下显著。

表 5-4　不同效应下的空间滞后模型及 LR 检验

变量	无固定效应	空间固定效应	时间固定效应	空间—时间双固定效应
industru	0.2146(***)	0.0941(***)	0.2707(***)	0.1314(***)
economy	0.4287(***)	0.0523(***)	0.5416(***)	0.0733(***)
consum	−0.1642(***)	0.0222(0)	−0.1054(***)	0.0047(0)
fdi	−0.0001(***)	0.0000(0)	0.0000(0)	0.00015(***)
edu	0.0001(***)	0.0000(***)	0.0000(**)	0.0082(*)
tech	0.0000(0)	0.0000(0)	0.0000(0)	0.0193(*)
W*dep.var.	0.6666(***)	0.9196(***)	0.4806(***)	0.6187(***)
R−squared	0.7191	0.9748	0.7387	0.9764
corr-squared	0.4003	0.5796	0.2952	0.1333
sigma^2	0.0124	0.0011	0.0118	0.0011
log-likelihood	972.27189	2472.613	1075.3081	2698.0414

注：*、**、***分别表示在10%、5%、1%的显著性水平下显著。

根据 LM 检验和 LR 检验的检验结果不难发现，SAR 模型优于 SEM 模型，双向固定效应模型优于个体固定效应模型和时间固定效应模型。因此，我们选择双向固定效应的 SAR 模型，进行后续的实证分析。

首先,空间相关系数。从表中可以看出,空间相关系数 $W * dep.var.$ 在双固定效应空间滞后模型中在 1% 统计水平上显著,这体现出了资源型城市绿色转型确实存在显著的空间相关性。这与 Moran's I 指数的检验结果一致,且相邻资源城市在绿色转型方面有一定的正向溢出效应。且显著为正,这表明某个资源型城市的绿色转型发展会促进临近资源型城市的绿色转型。

产业结构 $industru$ 的系数在双固定效应空间滞后模型中在 1% 统计水平上显著为正,即产业结构合理化会促进资源型城市绿色转型的推进。第三产业占 GDP 比重每提升 1 个单位,资源型城市绿色转型指数将提升 13.14% 左右,产业结构的改进在资源型城市绿色转型中的作用是非常重要且明显的,这也符合以往的学术研究结果和经济发展规律。

经济发展 $economy$ 的系数在双固定效应空间滞后模型中,在 1% 统计水平上显著为正,即经济发展会促进资源型城市绿色转型的推进。人均 GDP 每提升 1 个单位,资源型城市绿色转型指数将提升 7.33% 左右,经济发展在改进资源型城市绿色转型中的作用是非常重要且明显的。

由社会消费 $consum$ 的系数可知,在双固定效应空间滞后模型中,社会消费总量的增加或者减少,不会影响资源型城市绿色转型及发展。

对于外商投资 fdi 而言,其系数在 1% 统计水平上显著为正,说明从统计意义上来说,外资利用对于资源型城市绿色转型的效应是显著的,但是在实际的经济、社会运行过程中,外商直接投资的利用,并不会很大程度上改进资源型城市绿色转型及发展。因为,外商投资 fdi 每提升 1 个单位,资源型城市绿色转型指数将提升 0.015% 左右。

教育水平 edu 和科技创新 $tech$ 相对于其他变量而言,不是十分显著,在 10% 的统计水平上为正值。每增加 1 单位的教育支出和科技人数,将分别带来 0.82% 和 1.93% 绿色转型指数提升。以上结论均通过稳健性检验。

5.4.4　空间杜宾模型

根据 Anselin 判别准则选择最为适合的空间计量模型。在时间和空间双固定效应的 LM 检验中，*LM-Lag*，*LM-Error*，*Robust LM-Erro* 均通过了 1‰显著性检验水平，*Robust LM-Lag* 检验拒绝原假设，应该选择更为广泛的 SDM 模型，构建的 SDM 模型为：

$$trans_{it} = c + \rho \sum_{j=1}^{101} W_{ij} trans_{it} + \alpha_1 industru_{it} + \alpha_2 \sum_{j=1}^{101} W_{ij} industru_{it} +$$

$$\alpha_3 economy_{it} + \alpha_4 \sum_{j=1}^{101} W_{ij} economy_{it} + \alpha_5 consum_{it} + \alpha_6 \sum_{j=1}^{101} W_{ij} consum_{it} +$$

$$\alpha_7 fdi_{it} + \alpha_8 \sum_{j=1}^{101} W_{ij} fdi_{it} + \alpha_9 edu_{it} + \alpha_{10} \sum_{j=1}^{101} W_{ij} \times edu_{it} + \alpha_{11} tech_{it} +$$

$$\alpha_{12} \sum_{j=1}^{101} W_{ij} tech_{it} + \mu_i + \nu_t + \varepsilon_{it} \tag{5.7}$$

其中，μ_i 为个体固定效应，ν_t 为时间固定效应，ε_{it} 为误差项，X_{it} 为解释变量。被解释变量为 $trans_{it}$，表示资源型城市绿色转型指数，表示第 i 个资源型城市在第 t 年的绿色转型指数，表示资源型城市绿色转型的惯性作用，考察在相邻区域上的空间溢出效应。$\boldsymbol{W}$ 为空间权重矩阵，为了精确表达，本书选取资源型城市的地理距离，来构建地理距离矩阵作为空间权重矩阵。解释变量为 x_{it}，包含产业结构 *industru*，用第三产业 GDP 比重来表示；经济发展水平 *economy*，用人均 GDP 来衡量；社会消费 *consum*，用社会消费品总额来表示；投资 *fdi*，用实际利用外资额来表示；教育 *edu*，用一般教育支出来表示；科技水平 *tech*，用科技从业人数来表示。

通过 LM 检验初步判断选择空间杜宾模型进行面板回归分析，但是否为最终合适的空间面板形式，还必须根据 Wald 检验统计量判断 SDM 模型是否可以降为 SLM 模型和 SEM 模型。固定效应与随机效应下的空间杜宾模型的 Wald 检验结果显示，无论是固定效应还是随机效应，Wald 检验均在 1‰显著水平上拒绝了原假设，需要选择扩展的杜宾模型。同时 Hausman

检验对固定效应和随机效应模型还需要进行取舍(见表 5-5),最终选取更广义的空间随机—时间固定 SDM 模型进行实证分析。估计结果如表 5-6所示。

表 5-5   不同效应下的 Hausman 检验

检验	固定效应	随机效应	空间随机—时间固定
Hausman test	—	—	6.7360,(0)
Wald_spatial_lag	13.2085(**)	12.1553(*)	13.3418(**)
Wald_spatial_error	38.5202(***)	34.0106(***)	36.9453(***)

注:*、**、***分别表示在10%、5%、1%的显著性水平下显著。

表 5-6   广义的空间随机—时间固定 SDM 模型估计结果

变量	系数	变量	系数	检验	系数
industru	0.1341(***)	W*industru	0.0098(0)	W*trans	0.5657(***)
economy	0.0970(***)	W*economy	−0.0853(*)	Hausman	6.7360,(0)
consum	0.0725(**)	W*consum	−0.0872(*)	R-squared	0.9533
Fdi	0.0000(***)	W*fdi	0.0000(0)	corr-squared	0.2318
Edu	0.0000(**)	W*edu	0.0000(0)	LR_spatial_lag	12.9958(**)
Tech	0.0000(*)	W*tech	0.0000(0)	sigma^2	0.0011
Nobs,Nvar,♯FE	1380,	log-*likelihood*	2547.8869	LR_spatial_error	54.9859(***)

注:*、**、***分别表示在10%、5%、1%的显著性水平下显著。

由模型估计结果不难看出,空间滞后项 $W * trans$ 的系数为 0.565,且通过了 1% 的显著性水平检验,再一次表明我国资源型城市绿色转型存在显著的空间溢出效应,资源型城市的绿色转型水平将会影响相邻资源型城市的转型水平。同时,产业结构的空间滞后项系数显著为正,表明产业结构优化升级将有助于实现资源型城市绿色转型。经济发展的空间滞后项系数显著为负,表明经济发展会影响资源型城市绿色转型,影响程度不大。社会消费的空间滞后项系数显著为负,表明社会消费的增大,不利于资源型城市绿色转型。另外,资源型城市绿色转型具有明显的时间滞后性,转型是一个长久的过程,不是一蹴而就的事情。

5.4.5　空间杜宾模型的效应分解

Lesage 和 Pace(2009)认为,借助于空间回归模型的参数估计来对溢出效应的存在与否进行检验,最终无法得到较为准确的结论,也无法以此来对变量的空间溢出效应进行分析[108]。因此,针对解释变量对被解释变量的影响,需要根据其来源的差异性,通过求偏微分的方式来估计分解其系数,进而得到直接效应和间接效应[109]。

$$\left[\frac{\alpha E(Y)}{\partial_{x_{1j}}} \cdot \frac{\alpha E(Y)}{\partial_{x_{nj}}} \right] = \begin{bmatrix} \frac{\alpha E(Y)}{\partial_{x_{1j}}} \cdot \frac{\alpha E(Y)}{\partial_{x_{nj}}} \\ \cdots \\ \frac{\alpha E(Y_n)}{\partial_{x_{1j}}} \cdot \frac{\alpha E(Y_n)}{\partial_{x_{nj}}} \end{bmatrix}$$

$$= (1-\rho W)^{-1} \begin{bmatrix} \beta_j & \omega_{12}\theta_j & \cdot & \omega_{1n}\theta_j \\ \omega_{21}\theta_j & \beta_j & \cdot & \omega_{1n}\theta_j \\ \cdot & \cdot & \cdot & \cdot \\ \omega_{n1}\theta_j & \omega_{n2}\theta_j & \cdot & \beta_j \end{bmatrix} \tag{5.8}$$

其中,对于直接效应而言,所体现的是平均的主对角线元素值,可以由此判定出本区域被解释变量受到解释变量的影响程度;间接效应则截然不同,通过其我们能够了解到其他区域的解释变量是否能够严重地影响到本区域的被解释变量,且直接和间接效应构成了总体效应。按照表 5-6 中 SDM 的参数估计结果来分解空间杜宾模型,能够得到生态效率在变动的变量面前所产生的直接效应和间接效应,估计结果见表 5-7。

表 5-7 各变量对资源型城市绿色转型的直接效应与间接效应

变量	直接效应	t 值	间接效应	t 值	总体效应	t 值
industru	0.154189(***)	9.413834	0.329707(***)	2.967219	0.483896(***)	3.936233
economy	0.167424(***)	4.829348	0.774079(***)	3.086889	0.941503(***)	3.39599
consum	0.022515(0)	−0.516218	−0.443647(*)	−1.914122	−0.466163(*)	−1.770644
fdi	−0.000012(0)	−1.676998	−0.000254(***)	−5.000232	−0.000266(***)	−4.756543
edu	0.000039(***)	4.970607	0.000466(***)	9.187588	0.000505(***)	9.026298
tech	−0.000001(0)	−1.165216	−0.000002(0)	−0.173166	−0.000003(0)	−0.287591

注:*、**、***分别表示在10%、5%、1%的显著性水平下显著。

首先,产业结构的系数在双固定效应空间滞后模型中在 1% 统计水平上显著为正,即产业结构合理化会促进资源型城市绿色转型的推进。第三产业占 GDP 比重每提升 1 个单位,资源型城市绿色转型指数将提升 13.14% 左右,产业结构的改进在资源型城市绿色转型中的作用是非常重要且明显的,这也符合以往的学术研究结果和经济发展规律。

产业结构对绿色转型的直接效应为 0.154189,通过了 1% 的显著性水平检验,表明我国现阶段的产业结构调整对资源型城市绿色转型提升发挥了重要作用。产业结构合理化对绿色转型的间接效应为 0.329707,且通过 1% 的显著性水平检验,表明产业结构具有较为显著的空间溢出效应,即各个资源型城市的产业结构调整能够提高其他相邻城市的绿色转型水平(或者其他城市的产业结构调整能够促进本城市的绿色转型水平提升),表明产业结构合理化对资源型城市绿色转型水平具有"正外部效应"。

经济发展对生态效率的直接效应为 0.167424,通过了 1% 的显著性水平检验,表明我国现阶段的经济发展对资源型城市绿色转型提升发挥了重要作用。经济发展对绿色转型的间接效应为 0.774079,且通过 1% 的显著性水平检验,表明经济发展具有较为显著的空间溢出效应,即各个资源型城市的经济发展能够提高其他相邻城市的绿色转型水平(或者其他城市的经济发展能够促进本城市的绿色转型水平提升），表明经济发展对资源型城市绿色转型水平具有"正外部效应"。

社会消费对绿色转型生态效率的直接效应不显著，表明我国现阶段的社会消费对绿色转型水平提升没有影响。但社会消费对绿色转型的间接效为－0.443647，且通过10％的显著性水平检验，表明社会具有较为显著的空间溢出效应，即资源型城市的社会消费的提高会减缓绿色转型。一个城市社会消费的降低能够提高其他相邻城市的绿色转型水平，表明社会消费对绿色转型水平具有"负外部效应"。

对于外商投资而言，外商投资对绿色转型的间接效为－0.000254，且通过1％的显著性水平检验，表明外商投资具有较为显著的空间溢出效应，即各个资源型城市的外资利用水平能够降低其他相邻城市的绿色转型水平（或者其他城市的外资利用水平降低本城市的绿色转型水平提升），表明外商投资对资源型城市绿色转型水平具有"负外部效应"，存在"污染天堂"的可能性。

教育水平对生态效率的直接效应为0.000039，通过了1％的显著性水平检验，表明我国现阶段的教育水平对资源型城市绿色转型的提升发挥了一定的正向作用。教育水平对绿色转型的间接效应为0.000466，且通过1％的显著性水平检验，表明教育水平具有较为显著的空间溢出效应，对资源型城市绿色转型水平具有"正外部效应"。

目前来看，科技进步对我国资源型城市之间绿色转型影响不显著，也不存在显著的空间溢出效应。

第 6 章

城市治理的政策建议

6.1　绿色转型制度体系

如今,经济社会领域也在进行环境革命,已经逐步构建了有助于促进经济和环境共同发展的绿色转型经济制度。转型若想顺利进行,离不开地方的转型行为,更离不开政府所制定的转型制度,尤其是绿色转型制度属于新兴的公共产品,一方面,需要政策、法律、制度的保障,另一方面,绿色转型体系涉及政府、地方、企业、公众等,需要各个方面协商和协调,最终由政府制定促进资源型城市绿色转型的制度体系,用来解决资源型城市在转型过程中的产业调整、人员安置、经济发展、技术进步以及教育水平提升等问题。在这种情况下,要保障资源型城市绿色转型的顺利开展、运行和实施等过程,并不断纠偏扶正,及时修订不合理的制度和规章等,维护社会的稳定,做好下岗职工的安置工作,为推动社会进步、经济发展、环境保护而打下前期的基础。

资源型城市的绿色转型制度体系应当围绕以下内容展开:建立绿色产业制度、绿色经济制度、绿色技术制度以及绿色发展人员保障制度[110]。

对于资源型城市而言,要想更好地推动绿色经济的发展,就必须要使当前的资源型产业转变为绿色产业,或者对当前资源型产业的运行方式进行改造,使其绿色健康发展。但是,只有实现制度创新才可能促进产业转型,而制度建设的关键又在于政府、地方、行业协会、企业以及员工的协同努力。

首先,在政府职能方面,传统的政府职能较多地涉及政府的宏观层面管理,然而对于资源型城市绿色转型而言,既需要政府的宏观调控职能,又需要政府的微观运行作用,进而可以更好地发挥政府的指引、监督和调节控制作用,从而可以理顺在资源型城市绿色转型时期所产生的各种经济、生态、社会矛盾[111]。

其次,资源型城市绿色转型本质是属于一种制度创新,城市的转型体现在城市内企业的改制和改革,需要更微观层次的调整,比如在调整产业结构的过程中,人员安置问题,政府可以帮助协调,寻找劳动外包机会等。同时,帮助企业进行绿色改造,实现节能减排,加快资源型城市绿色转型的步伐。

同时制度的全面改革还需要企业参与,尤其是资源型城市,有时候一个资源型企业可以支撑绝大多数国民经济的产值,比如一些因矿而建的城市。因此还需要对资源型企业在退出传统产业时候的政策及退出机制进行合理的设计以及时间点的合理规划[112]。

资源型城市绿色转型发展目的是为了推动绿色政府构建,而绿色政府的发展理念也是与现阶段服务型、法治型以及高效型政府建设的目标相适应的,要加强政府调控资源型经济发展的能力,在区域绿色发展中发挥统筹作用[113],不断改进资源型城市各级政府管理经济的方式和方法,降低政务成本,提高办公效率,营造绿色办公环境。首先,从思想认识上重视绿色施政,不断构建适合于当前市场经济环境的发展观,在依法合规的前提下实现经济社会的科学、绿色发展[114]。对外商投资项目中与我国转型目标较为一致,且属于绿色环保项目的,在服务上要给予更多的倾斜[115]。其次,资源型城市政府要不断提升自身的服务质量,为大众提供更为友好和优质的服务产品,实施政务公开,维护透明、公开、合理的制度。最后,健全促进生态环境可持续发展的现代城市治理体系[116],将生态环境因素作为开发资源、公共管理以及城市发展的首要考虑因素,要对这些项目实施对环境的影响进行综合评估,尤其是要加强重大项目的预先控制和评估,比如环境评估等,防止由于决策的失误而破坏现有的生态环境[117]。

地方政府除了要充分利用所辖区域内所掌握的丰富资源外,还要充分发挥大项目的带动作用。具体而言就是要着力促进传统优势产业链的跨区域、跨城市延伸,积极推动新兴绿色低碳产业的发展[118],建立健全配套的服务设施等。产业发展的重点要放在绿色低碳产业领域,将新能源以及高技术产业作为促进整个区域经济发展的关键驱动[119];同时,若想实现区域的全面发展,还必须要依靠现代服务业等产业的发展。

6.2　城市产业转型的政策支持

6.2.1　不同发展时期的转型政策支持

早期研究者发现,资源型城市的转型最佳时期是衰退期。国内外资源型城市产业转型的研究普遍认为衰退期是产业转型的最有利时机,然而随着时间推移,发现资源型城市的转型升级必须要提前谋划,尤其是产业转型并不一定要等到衰退期,通过这种方式能够使产业转型成本得以大幅降低,并且能够为顺利完成转型提供保障。而我国的国情相对比较特殊,因此我国资源型城市必须依赖于政府和市场双方的共同作用才能够实现转型。政府在产业转型政策的制定过程当中必须要充分考虑城市产业发展所处的阶段不同[120],进而使资源型城市能够更好地完成绿色转型。

在资源型城市发展的初期阶段,因为需要建设,所以速度比较慢,但资源储备是最丰盛的时期,资源产量不断增加。此时尽管产业转型的形势并不严峻,但是应当提前谋划,为后续转型创造有利的条件,因此政府应当立足于长远,做好相应策略的制定工作。首先要投入更多的资金用于完善基础设施,建立健全交通运输网络等,对城市进行科学合理的规划;其次,资源开发规划必须要密切结合城市建设规划,防止过度开发资源而破坏环境,在合理开发资源的同时注重治理和保护环境;再次,要加强国家重大矿产项目的引进工作,建设一批劳动和技术密集型矿产项目,以对配套产业发展形成有效的带动;然后,不断创新矿产开发技术,注重引进当前比较先进的技术,加强产学研的合作;最后,持续营造良好的投资环境,促进多主体融资渠道的全面发展[121]。

在资源型城市产业发展的中期阶段,产业发展已经相对成熟,生产在逐年增加,产能已达到一定规模,其发展更加趋向于横向或纵向,对相关产业的发展能够形成有效的带动,产业规模不断扩大。此时其优势比较明显,比较适合进行产业转型。以煤炭资源型为例,第一,煤炭资源型城市发展到中期,煤炭产业发展稳定,主导产业已经开始向纵深延伸,产业附加值实现了大幅的提升,产业具备非常强的盈利能力,资金相对更加充足,能够为顺利实现产业转型提供充分保障;第二,非煤炭资源产业初具规模,城市开始逐步调整产业结构,可以提供更多的就业机会,有一定的抗发展风险的能力。因此,政府要从政策层面对煤炭资源型城市产业的发展进行积极引导,以使其过度依赖于资源发展的状况得到改善。此时,政府要从政策上为转型发展提供有力的支持[122]。首先,要将煤炭产业上下游发展的制约因素彻底消除,从产业政策上给予更多的倾斜;其次,要以下游产业发展的有利条件为依托,在开采煤炭资源方面实行严格的管控,最大限度发掘煤炭的价值,实现高效利用,使煤炭资源型产业拥有更长的生命周期;再次,要与本地的优势条件相结合,加强对高新技术产业的引进工作,积极进行替代产业的培育,并在政策层面给予支持;然后,加强产、学、研深度合作,大力促进创新性人才的培养,不断提升创新能力;接着,要更加注重保护生态环境,大力推动节能减排工作,坚决淘汰那些耗能较高以及污染比较严重的煤炭资源型企业;最后,要加强法制建设,提升服务质量,积极营造良好的投资和发展环境。

发展到后期,资源型城市资源会日益减少,而到了衰退期之后,很多问题都会暴露出来,经济增速迅速放缓,财政状况每况愈下,出现很多社会问题,等等。此时政府在颁布实施相关政策的时候,必须要充分考虑如何充分利用有限的资源,提供必要的措施使资源型产业能够获得更长的生命周期,最大限度避免资源枯竭而导致产生不良的影响,大力发展非煤新兴产业,尽快完成资源型产业转型升级。

在这个过程中,政府的作用日益彰显。首先,鼓励新兴产业发展,保障资源型产业顺利退出和过渡,安置职工,补贴企业,以本地有利条件为依托,并向上级政府寻求更多的支持,集全局之力解局部之困,采用新技术、新工艺来升级现有的资源型产业,同时可以采取兼并以及重组等方式,依靠科技驱动发展,不断增强企业发展的综合实力,促进自身竞争力的有效提升。其次,要从土地、财政等方面为非煤产业发展提供有力支持,为更好地引进生产要素奠定坚实基础。再次,对剩余劳动力进行转移,其中发挥主力军作用的就是第三产业,为更多的人提供就业岗位,实现经济和社会效益的最大化,加强扶持基金的设立,为产业转型提供足够的资金支持,加强企业救助和社会保障政策的颁布实施,集中力量重点救援那些处于困境当中的传统企业,不断提高专业技术人员的水平,增加再就业资本。最后,还要及时修复被破坏的环境,树立良好的对外城市形象,在充分保护环境的基础之上实现资源型城市的健康可持续发展。

6.2.2 国外案例

一些国家的工业发展起步相对较早,工业化程度相对更高,工业体系更加成熟,我们可以充分借鉴这些国家在转型发展中的经验和教训。

6.2.2.1 德国鲁尔矿区

在国外资源型城市的转型中,政府发挥了很大的作用,以德国西部的鲁尔区为例,占地4 593平方千米,人口密度大,核心区域达到了2 700人/平方千米,占全国的1.3%。鲁尔工业区产业发展的核心为重工业,除此之外,还有很多的老产业。所以构建的工业综合体当中有较为复杂的部门结构、内部具有非常密切的关联、集中度较高等[39]。衰落的主要原因包括:缺乏较为多元化的产业结构、煤炭不再具有较高的能源地位、钢铁供大于求以及涌现出很多的新技术等。此外,德国鲁尔矿区还将之前废弃的煤炭资源开采区,作为新的旅游资源进行开发。早在 1989 年,德国鲁尔矿区就曾提出"IBA 计划",这个计划借鉴了英国、瑞典等资源型地区的历史经验,目的在于对于煤炭资源开采后的采空区和矿区所在地进行重新利用,开发博览会或者旅游景点,支持资源型城市的再次繁荣[123]。

鲁尔区之所以能够获得成功,主要原因如下:首先,政府支持产业结构调整,由原来的煤炭产业逐步转变为航空、电子等高附加值的新兴产业,这些产业具备了很强的竞争力。其次,在政府的推动下,鲁尔地区的科技进步很显著,政府鼓励把科技成果运用到开采和深加工上,推进产业的绿色发展,同时带动了其他相关产业,也安置了原有的产业工人。最后,鼓励非煤产业的其他中小企业发展,支持其研发项目,帮助其吸引人才,并制定合理的人才计划等。

6.2.2.2　日本九州地区

北九州市位于日本九州岛的最北部,最早由九州岛的北部 5 个中小城市联合发展而成,是日本传统四大工业基地之一,也是日本重要煤炭资源产地,曾占日本全国煤炭总产量的一半以上。在二战以后经济高度成长时期(1950—1970 年代),日本大力发展煤、钢、电等工业,使得北九州地区经济迅猛发展,但与此同时,资源枯竭使得煤炭产业衰退,环境和生态也由于长久发展重工业被极大破坏。因此北九州以资源消耗、环境污染为特征的化工产业面临生产成本和市场空间的双重挤压,城市面临生态安全和环境保护的双重挑战。北九州城市转型迫在眉睫。

首先,政策先行。北九州在转型过程中,采用对落后产能采取直接退出的方式。20 世纪 60 年代,日本政府开始对九州地区的煤矿实行全面关闭政策,包括《煤炭区域振兴临时措施法》《煤炭区域振兴实施计划》等,用以促进煤炭资源型城市的振兴和健康快速、有序发展。1978 年,国家颁布了《特定产业安定临时措施法》,将北九州的主导产业,如金属冶炼、造船、化肥产业认定为结构性萧条产业[122]。为了保障民生,颁布煤炭产业等重工业企业员工安置的政策法规,进而对劳动力进行安置转移,避免因企业关闭造成社会和经济混乱。颁布《重振产煤区临时措施法》,建立再就业培训中心,为失业的煤炭工人提供再就业培训,以此来保障该地区人民的基本社会生活。

其次,在城市治理的行政机构方面,日本还成立了专门的政府机构和部门,用来推进资源型城市转型规划。日本政府成立了重振产煤区事业团,由事业团投融资开发工业园小区,将开发好的土地让给投资者,同时给与一定优惠,比如长期贷款、减免税收等,吸引投资者前来建厂入驻工业园。大量投建工业园,突破原有产业壁垒,培育新兴替代产业,形成新兴产业集群。重振产煤区事业团还负责产煤地区的整体发展,如工业用地、产煤地区城市的发展与建设、产煤地区的产业融资,并针对产煤区的发展困境,积极为其转型发展创造各种条件,如大力为产煤地区的企业创造硬件条件,提供金融支持,研发新技术等。

最后,大力发展循环经济。1971 年,北九州市率先颁布《北九州市公害防止条例》,通过立法约束企业环境行为,包括污水治理、焚烧和垃圾填埋等。20 世纪 90 年代初,北九州为了推行垃圾分类,颁布《废弃物治理及循环利用代替处理》。此外,北九州在长期重工业发展过程中积累下来的人才、技术,均被运用在了循环经济领域。北九州大量老工业基地时期残留的废弃物作为可循环原料使用,同时也形成了完善的循环原料市场,在此基础上构建了日本独一无二的"Eco-town"(生态城)工程[123]。

6.2.3   国内案例

6.2.3.1   平顶山

在城市发展和转型的过程中,平顶山政府也起到了非常重要的作用。

最初,从 1957 年平顶山建市到改革开放初期,受国家计划经济统一调配,1984 年,国家在改革开放初期,提出以经济建设为中心,确定平顶山为

"全国主要能源基地之一"[124]。2013 年,在全国老工业基地调整改造规划中将平顶山市列入可持续发展规划。2015 年前后,平顶山受煤炭产业衰退影响,经济下滑,但仍有一定的机遇存在,经济平稳回升的趋势没有改变,资源型产业仍是主导产业,政府鼓励煤炭、钢铁、水泥等企业寻找生存空间,化解过剩的产能。2016 年,平顶山市政府明确提出要大力推进供给侧改革,着力解决结构性矛盾,推进传统产业升级,发展新兴产业,指出要以创新驱动作为转型发展的新引擎,以深化改革为突破口,以项目建设为总抓手,以转变作风为有力保障,以改革创新为动力,取得了一定成效。

6.2.3.2　铜陵

以铜为主要矿产资源的铜陵,位于安徽省中南部,是一座有色金属资源型城市,也是新中国铜工业第一城。20 世纪 80、90 年代,我国工业发展迅猛,对铜的需求不断增加,铜陵为促进工业发展作出了重要贡献。但随着资源的大量开采,铜矿资源总量急剧下降,伴随而来的是经济发展缓慢、环境污染严重、矿工失业,民生问题严重。2009 年,铜陵列入全国第二批资源型城市转型名单中。

首先,从政策制定上,铜陵市在这一背景下,大力实施"生态优先、绿色发展"战略。早在 2011 年,铜陵就出台了《关于加快培育和发展战略性新兴产业的意见》,编制了铜基新材料、旅游、环保、现代物流和文化创意、新能源六大战略性新兴产业发展方向。同时,还制定了《工业转型升级"1365"行动计划(2018—2022 年)》《铜陵市节能量交易管理办法》以及《铜陵市工业绿色转型发展试点实施方案》等多个方针政策。

其次,淘汰高排放、高能耗的生产线,大力推进低碳、绿色、集约化发展。2017 年,为了减少高能耗、高污染企业对自然环境的破坏,保障城市生态环境,铜陵市关闭了金昌冶炼厂老厂区,并叫停了大量会产生工业污染的项目。早在 2005 年,铜陵市就开始着力打造循环经济工业试验园。铜陵市拥有较为完善的铜、硫、石灰石资源开采及循环经济产业链,开展尾矿等产业废物综合利用。探索循环经济的发展路径,逐步推进城市绿色低碳转型。

此外,铜陵还调整城市产业结构,全面实施城市转型。铜陵延伸铜制造产业链,建成全国最大的铜冶炼、铜加工、铜拆解和铜商品交易基地。同时积极发展生态农业,集中精力开展经济作物的种植和开发,打造世界级农业品牌,形成低投入高产出的产业链条,发展农业循环经济。铜陵市土地资源匮乏,农业发展存在区域性现象,为此,铜陵探索农业生态化发展道路,以种植中药材和特色经济作物为重点,加强现代农业推广计划,建立农业生态科技示范园区。充分利用现有的湿地、丘陵等地域特色,发展观光农业,深度开发农业生态资源[123]。同时,积极打造当地农产品品牌,比如,铜陵白姜种植作为传统农业,被列入第二批中国全球重要农业文化遗产名单。铜陵也建立了生姜上下游一体化的种植、生产、加工基地,这一切都有利于当地经济多元化,有利于铜陵作为资源型城市的绿色转型。

6.2.3.3　阜新

阜新位于辽宁省,作为我国四大煤田之一,阜新煤田有两千多平方千米。其中,阜新海州露天煤矿,曾为亚洲最大煤矿。资源过度开采随之而来的是资源枯竭,阜新市被国家确定为全国第一批资源型城市中的转型试点城市。阜新的转型之路主要包括产业、生态、民生三个方面。

在工业方面,阜新逐步构建了以皮革、液压、板材家居、铸造、氟化工、新型材料为主的新型产业集群,用食品及农产品加工、新能源、煤化工三大产业替代原有一煤独大的局面。

在农业方面,阜新形成了畜产品加工业、油料作物加工业、粮食精深加工三大产业链条,使农业成为促进城市绿色转型的重要途径。目前,阜新市已成为鲁花集团在东北部地区最大的食用油生产基地[121]。

在生态方面,阜新在转型过程中,侧重矿区生态修复与矿山固废资源综合开发利用。比如海州露天矿开采造成的矿坑,通过打造矿坑遗址,凝练工业遗产,进而开发其旅游资源,来打造旅游观光及运动休闲产业。对于煤矿开采过程中形成的矸石山,通过自主研发成烧结砖,吸纳大量的工业固废。同时,依托矿区伴生资源,发展循环经济,建成固体废弃物综合利用示范园区。通过一系列举措治理环境污染,阜新实现了生态恢复。

在民生方面,由于资源枯竭,煤矿倒闭,与煤炭资源相关的产业相继衰败,大批煤炭产业工人失业下岗。阜新市下岗职工最高时达到 16 万人,近一半的城市居民生活在棚户区或塌陷区,生活水平低,长此以往,带来了一些社会问题。阜新通过对城市内产业的转型升级,极大程度上拓展了就业渠道,新兴产业提供了大量就业就会,使得下岗职工实现再就业,缓解了阜新城镇居民的生活压力,改善了生活条件,转型中对环境的保护又大大改善了居民生活环境,提高了城市居民的生活质量。

6.3　资源型城市产业转型的经济支持

资源型城市需要经历较长的时间才可能实现绿色经济,首先需要强大的财政支持,以保证转型的连贯性和持续性,尤其是对环境保护和生态保护的投资,对联合国所制定的相关引导政策应给予关注。其次,在发展绿色经济中要明确各级政府在财政投入方面的权责,使地方政府投入的热情能得到有效的激发,建立长效机制以确保财政投入的可持续性。

要制定详尽的绿色补贴办法,对符合绿色发展的企业或项目给予一定的财政补贴,加强绿色发展基金的创建,以奖励或补贴的方式支持企业的绿色发展;合格企业可以优先获得政府的财政项目;加强对资源型城市绿色产品使用推广方面的财政投入,使人们在生活当中能够主动进行绿色消费。

财政转移支付要重点倾向于那些资源型城市,特别是经济相对落后的地区。在转移支付制度当中增加关于生态环境保护的内容,使绿色转移支付制度能够在资源型城市中有效建立,形成更加具有绿色化的财政转移支付制度的重中之重是建立合理有效的生态补偿机制。对国外的先进经验进行积极借鉴,推动横向转移支付在相互联系紧密的不同城市同级别政府之间实现,同时,制定基金的缴纳、使用和绩效评价制度,严格规范该项资金的使用。

从广义层面上来讲,绿色税制指的是环境税、资源税等关于环保和资源使用的所有税费。资源型城市要加强绿色税制体系的构建,在对当前资源环境保护税收优惠措施进行不断完善的前提下,加强对环境税、能源税的征收工作,不断增加这些税种在绿色税收当中的占比,最终增加到 20% 左右。在资源税中增加关于森林、水等生态价值非常高但是又不在税收监控范围内的自然资源税收。为改善环境,减少排放,可以用减税的财政手段引导企业发展循环经济,利用废弃物。同时,健全合理的企业所得税制度,税收优惠政策扶持的重点企业应当为那些科技含量较高、较少污染环境的企业,对于清洁能源、环境治理类企业而言,可以缩短折旧的周期。

6.4   资源型城市产业转型的科技支持

对于资源型城市而言,其是否能够顺利完成产业结构转型在很大程度上取决于科技水平的高低,要注重从科技层面为转型发展提供有力的保障。首先,针对产业结构转型过程,要注重社会科技力量的有效协同,将更多的科技服务提供给企业,促进其技术创新。其次要对企业进行正确的引导,使其能够将市场开拓能力的提升作为技术创新的重点,实现企业的健康长远发展。

资源型经济的挤出效应极大地影响了科技创新的发展,暴露出很多问题,比如科技创新缺乏良好的环境、创新主体缺乏较强的创新能力以及绿色技术创新缺乏较为明确的导向等。在资源型城市破解科技创新难题,要通过建立制度、政策体系,优化创新环境,对创新主体进行有效激励,不断建立和健全有利于发展绿色技术的产业政策,促进资源型城市环保技术创新及技术进步。构建推进资源型城市技术进步的创新环境,将创新的理念融入整个大环境当中。

6.5 资源型城市产业转型的人才及教育支持

科技创新有赖于足够的人力资源保障,所以资源型经济发展的关键就是要将自身对人力资本的挤出效应彻底消除。第一,聚集地区以外的人才,通过制定人才政策,鼓励吸纳高水平、高学历和高技术人才,并做好人才家属的安置工作,进而保障人才供应,以实现地区可持续发展。第二,注重人才选拔,建立合理的人才选拔机制,保障优秀人才合理利用,维护公平、公开、公正的用人环境及用人机制,从而保障人尽其用。第三,注重人才培养,从本系统内部发掘人才,可以保证人才更快地适应工作,节省时间,做好培训工作可以提升员工技能,提高人才素质和修养。第四,建立科学合理的薪酬机制,使科技人才的价值能够在收入上得到充分体现,鼓励宽松的工作、科研氛围,要做到留好人才,留住人才,减少人员尤其是高端人才的流失,政策上提供必要的优惠支持,比如必要的社会保障、住房保障以及科研经费保障等。

发挥科技创新孵化器的功能。不管是科技创新还是成果的落地,都有赖于孵化器的帮助,因此资源型企业必须要在经营场所上为孵化器创造必要的条件,建立健全完善的配套服务基础设施,要将科研院校的人力资源优势最大限度发挥出来,将大学科技园等孵化器作为建设的重点。资源型城市的科技企业孵化器体系的构成主体要涵盖专业性孵化器、综合性孵化器等。推进技术转移服务平台建设,要着力推动信息服务等专业性服务机构的发展,对知识产权相关行业协会的发展要大力进行培育和扶持。

资源型城市转型需要人力资源,包括高科技人才。城镇建设的任何一个环节都需要依靠人才来推动,而目前我国大多数资源型城市受区域发展的制约,往往在人才引进方面存在不足,严重影响了城镇建设的进程。为此,必须着力加强高新技术人才队伍建设,增强城市发展的软实力,为城市绿色转型提供强有力的人才保障,才能解决当前人才短缺的困境。要培育和改善创新发展环境,强化各类高科技人才培养;创新发展环境的培育与改善,是打破体制机制束缚的重要环节。在知识产权保护方面,随着人们对知识产权的认识不断加深,知识产权的保护意识不断增强,但在某些具体环节仍存在损害技术创新者合法权益的现象,因此,在创新环境的营造方面,应加强知识产权的保护和宣传,这将有利于提高技术创新者的工作积极性。有关部门要制定有利于科技人才培养的政策,定期和不定期组织专业技术人员进行培训,提高他们的专业技能和综合素质,积极引进高科技人才和专业人才,逐步打造结构合理的专业人才队伍。资源型城市与发达地区相比,在引进高科技人才方面处于严重劣势,这是大多数资源型城市面临的问题,但并非没有解决的办法。资源型城市要密切结合自身城市发展规划,制定专项人才引进计划,重点引进能突破关键技术、具有创新能力的专业技术人才,在待遇优厚的基础上,为他们解决生活上的困难,减轻他们的后顾之忧。同时,政府还应加强与科研院所、研究性大学的合作,聘请优秀专家学者到地方进行实地调查,为解决城市转型、企业发展及高新技术应用等问题献计献策。

打造科技成果转化和科技服务平台,推动成果转化,提升生产力。因此,应建立以企业为主体,以市场需求为导向的科技服务平台,形成以园区为中心,以企业为依托的组织结构,推动科研开发、成果转化、科技服务一条龙。

此外,为了解决资源型城市转型中的问题,政府还应增加在教育、文化、社会等基础设施和事业上的投资,在国家宏观政策的指导下,推动新产业、新业态的形成,构建符合城市经济建设发展的体制机制,提高各种产业和事业的科技含量,促进资源型城市绿色转型。

6.6 资源型城市绿色转型的循环经济建设

资源型城市绿色转型的一个捷径是对原有产业进行改造,其中最重要的一环是实施循环经济。从本质上说,就是资源型城市各个企业之间通过相互交换产品和服务,来实现资源的高效利用和废弃物的循环使用,促进经济、社会以及环境效率的有效提升。

　　根据相关理论及资源型城市物质、能量循环的现实状况,结合定义,本书认为作为一个网络系统,矿区循环经济系统的总目标是通过集体协作,创造出"1+1＞2"的效果,从而达到经济、社会和自然环境的共赢,促进矿区的稳定长远发展,维护好生态环境安全。较之于一般的产业园而言,资源型城市循环经济系统的主要目标如下:促进经济和社会效益的不断提升,并且立足于社会和自然环境效益提升的高度来进行设计、建设,主旨比较明确;提升物质的循环高效利用,以共生为手段来发挥最大限度的效用;加强企业之间的合作,更好地共享人力资本、知识以及资金;打破传统模式的限制,突破传统模式中单纯只是企业集合的局限性,建立规范的废弃物循环利用体系,全力构建资源型城市循环经济网络,实现资源型城市的绿色转型。

第 7 章

结论与展望

国内存在大量资源型区域,因为长期积累的能源构造,此类城市过去产生了极大的效用,然而伴随资源的大量开发,资源耗竭、经济滞涨以及生态损害已然成为重要问题,同时碳排放同粗放式资源型经济运行存在紧密的关联性。若实现经济、社会、环境的绿色可持续发展,必须调整优化结构,加快资源型城市的转型升级。

资源型城市绿色转型是一个复杂过程,包括经济、社会、人口、环境,本研究在厘清资源型城市绿色转型概念及边界的基础上,结合 DPSIR 分析框架,构建了资源型城市绿色转型指标体系。具体而言,将资源型城市绿色转型效果水平目标层定为第 1 层;准则层为第 2 层,在准则层中借鉴 DPSIR 分析框架,包括驱动力、压力、状态、影响和响应 5 大类指标;第 3 层为按照要素类型进行的分层;第 4 层为具体的指标层,结合国内外学者的相关研究,考虑到 101 个资源型城市 2002—2016 年 15 年的数据可得性及数据的完成性,选取涉及经济、社会、人口、环境等方面的 25 个指标,具体包括:人均水资源、城市土地人均面积、年平均人口数、GDP 实际增速、人均 GDP、规模以上工业企业工业总产值、实际利用外资金额、普通中学学校数、人口密度、城市工业生产用电量、城乡居民生活用电量、城市供水总量、城镇登记失业人员数、第二产业增加值占 GDP 比重、第三产业增加值占 GDP 比重、城市建成区面

积、第三产业就业人员占全部城镇单位就业人员比重、固定资产投资、一般
公共预算支出(科学技术)、一般公共预算支出(教育)、城市建成区绿化覆盖
率、城市公园绿地面积、人均城市绿地面积、人均公交车、人均道路面积。将
DPSIR 分析框架应用到了准则层当中,立足于五个不同的维度完成了资源
型城市绿色转型的评价矩阵的构建,并采取标准化公式来处理相关指标的
原始数据。通过计算各指标的熵值和熵权来确定其对资源型城市绿色转型
评价的影响程度,并据此构造加权的标准化评价矩阵,鉴于数据的可得性等
综合因素,本书选取了 101 个资源型城市,并结合所选的指标体系,通过运用
基于熵权改进的 TOPSIS 进行归一化计算,得到每个资源型城市在当年的
绿色转型指数。不同于以往研究中对转型的考证,本书更加偏重于考虑资
源型城市转型过程中的环境因素及绿色发展和可持续性因素,以及与之相
对应的社会因素和民生福祉。通过计算得出绿色转型效果好的前十个城市
和后十个城市,为了更加直观,从整体上来看,资源型城市绿色转型经历了
转型效果差、转型效果一般及转型效果较好三个阶段,东北老工业区转型效
果一般,近 15 年间发展不明显。全国情况已有明显改善,在山西、山东、贵州
等省份涌现出一批转型成功的资源型城市。因此,不难看出,绿色转型具有
时间的滞后性,是个长期复杂的系统工程。

　　本书的研究与以往研究相比的创新之处在于,指出了资源型城市绿色
转型的空间溢出会显著影响到相邻资源城市。本书借助空间面板数据,建
立了我国资源型城市绿色转型、产业结构升级、经济发展、社会消费、教育支
出、科技投入等彼此关系的模型,从驱动因素和时空演化两个层面对资源型
城市转型情况进行说明。

　　从空间层面来看,我国资源型城市水平的负相关关系非常显著。在生
态效率水平方面,我国资源型城市的空间相关性表现为负。资源型城市本
身绿色转型只具有较低的水平,但是周边资源城市具有非常高的绿色转型
水平;或者本市具有非常高的绿色转型水平,但是相邻资源型城市只有非常
低的绿色转型水平。在绿色转型机制方面,产业结构合理化会促进资源型

城市绿色转型的推进。第三产业占 GDP 比重每提升 1 个单位,资源型城市绿色转型指数将提升 13.14％左右,产业结构的改善在资源型城市绿色转型中的作用是非常重要且明显的,这也符合以往的学术研究结果和经济发展规律。产业结构有显著的空间溢出效应,即各个资源型城市的产业结构调整能够提高其他相邻城市的绿色转型水平(或者其他城市的产业结构调整能够促进本城市的绿色转型水平提升),表明产业结构合理化对资源型城市绿色转型水平具有"正外部效应"。

经济发展也具有显著的空间溢出效应,即各个资源型城市的经济发展能够提高其他相邻城市的绿色转型水平,表明经济发展对资源型城市绿色转型水平具有"正外部效应"。社会消费对绿色转型生态效率的直接效应不显著,表明我国现阶段的社会消费对绿色转型水平提升没有影响。社会消费具有较为显著的空间溢出效应,即资源型城市的社会消费的提高会减缓绿色转型。一个城市社会消费的降低能够提高其他相邻城市的绿色转型水平,表明社会消费对绿色转型水平具有"负外部效应"。

资源型城市的外资利用水平能够降低其他相邻城市的绿色转型水平(或者其他城市的外资利用水平能降低本城市的绿色转型水平提升),表明外商投资对资源型城市绿色转型水平具有"负外部效应",存在"污染天堂"的可能性。

教育水平具有较为显著的空间溢出效应,对资源型城市绿色转型水平具有"正外部效应"。

目前来看,科技进步对我国资源型城市的绿色转型影响不显著,也不存在显著的空间溢出效应。

鉴于此,主要从以下方面提出政策建议:在城市治理上,构建绿色转型制度体系,针对资源型城市产业转型提供政策支持、经济支持、科技支持和人才支持,最后通过实施循环经济,来实现资源集约、环境友好的资源型城市绿色转型。

参考文献

[1] 宋晓倩. 煤炭矿区循环经济系统的复杂网络模型与表征[M]. 北京：经济管理出版社，2014.

[2] 张志良. 复采煤层开采技术应用研究[J]. 科学技术创新，2018(22)：149-150.

[3] 张鹏. 我国煤矿矿区生态环境的法律保护研究[D]. 太原：山西财经大学，2009.

[4] 申玉铭，杨彬彬，张云. 资源型城市的生态环境问题与综合整治——以济宁市为例[J]. 地理研究，2006，25(3)：430-438.

[5] 王丹舟，周晓彤，林海鹏. 广东省水污染税税率模型构建与应用[J]. 生态经济(中文版)，2017，33(8)：173-178.

[6] 陈妍，梅林. 东北地区资源型城市转型过程中社会—经济—环境协调演化特征[J]. 地理研究，2018，37(2)：307-318.

[7] 吴季松. 循环经济的由来与内涵[J]. 中国科技术语，2006，8(1)：51-54.

[8] 黄理平. 生态经济学研究概述[J]. 理论前沿，1990(8)：4-6.

[9] Meadows D H, Meadows D L, Randers J. Beyond the limits: global collapse or a sustainable future.[J]. International Affairs, 1992, 68

(4)：749.

[10] 童光法.绿色发展是构建人类命运共同体的内在要求[J].环境经济，2018，230(14)：51-55.

[11] 于晓曼，耿涌，薛冰，董会娟，田旭，刘哲，马志孝.资源禀赋对区域可持续发展的影响研究[J].生态环境学报，2015，24(02)：359-364.

[12] Yong G，Jia F，Sarkis J，et al. Towards a national circular economy indicator system in China：an evaluation and critical analysis[J]. Journal of Cleaner Production，2012，23(1)：216-224.

[13] Zhu Q，Geng Y，Lai K. Environmental Supply Chain Cooperation and Its Effect on the Circular Economy Practice-Performance Relationship Among Chinese Manufacturers[J]. Journal of Industrial Ecology，2011，15(3)：405-419.

[14] Su B，Heshmati A，Geng Y，et al. A review of the circular economy in China：moving from rhetoric toimplementation[J]. Journal of Cleaner Production，2013，42(3)：215-227.

[15] Yong G，Sarkis J，Ulgiati S，et al. Measuring China's Circular Economy[J]. Science，2013，339(6127)：1526-1527.

[16] Zhu Q，Geng Y，Lai K. Environmental Supply Chain Cooperation and Its Effect on the Circular Economy Practice-Performance Relationship Among Chinese Manufacturers[J]. Journal of Industrial Ecology，2011，15(3)：405-419.

[17] 王如松.循环经济建设的产业生态学方法[J].生态毒理学报，2003，1(s1)：48-52.

[18] 王兆华.生态工业园工业共生网络研究[D].大连：大连理工大学，2002.

[19] 薛冰，陈兴鹏，刘谨，耿涌.基于CDM的循环经济项目融资路径研究[J].嘉兴学院学报，2010，22(1)：10-13.

[20] 冯会会,苗红,薛冰,耿涌,张伟伟.循环经济:低碳城市建设的路径与手段[J].再生资源与循环经济,2009,2(11):17-20.

[21] Jianan,哲伦.美国城市居民垃圾处理[J].资源与人居环境,2010(17):52-54.

[22] 苗晓丹.德国《循环经济和废物管理法》探析[J].环境保护与循环经济,2014(10):10-14.

[23] 杜群.日本环境基本法的发展及我国对其的借鉴[J].比较法研究,2002,16(4):55-64.

[24] 王党强.丹麦卡伦堡生态"工业共同体"——我国生态工业园区的反思与超越[J].环境保护与循环经济,2016,36(08):4-8.

[25] 杞人.全球循环经济扫描[J].生态经济,2004(6):8-15.

[26] 杨学功.略论我国社会转型时期价值观念的基本特征[J].渤海大学学报(哲学社会科学版),2001,23(1):41-46.

[27] 沙亦强.电力转型期[J].中国电力企业管理,2009(5):1-1.

[28] 高翔.德国低碳转型的进展和经验[J].德国研究,2014(2):32-44.

[29] 吕涛,王春玲,王飞.社会——技术系统转型理论及其在能源系统转型中的应用[J].中国科技论坛,2015(10):109-114.

[30] 赵英兰,吕涛.转型社会下近代社会阶层结构的衍变[J].南京社会科学,2013(1):132-138.

[31] 胡鞍钢.中国绿色发展的重要途径[N].中国环境报,2012-5-11(002).

[32] 胡鞍钢.中国:创新绿色发展[M].北京:中国人民大学出版社,2012.

[33] 蒋南平,向仁康.中国经济绿色发展的若干问题[J].当代经济研究,2013(2):50-54.

[34] 潘喜莲.我国马克思主义绿色发展观研究文献综述[J].西昌学院学报(社会科学版),2016,28(3):28-33.

[35] 刘纯彬,张晨.资源型城市绿色转型内涵的理论探讨[J].中国人口·资

源与环境，2009，19(5)：6-10.

[36] Barbiroli G. Economic consequences of the transition process toward green and sustainable economies: costs and advantages [J]. International Journal of Sustainable Development & World Ecology, 2011, 18(1): 17-27.

[37] 李佐军.中国第三次大转型已拉开序幕——《中国绿色转型发展报告》序[J].中国发展观察,2013(6)：60-61.

[38] 何红渠,孙凌宇.资源型企业绿色转型[J].理论视野,2012,(5)：65-66.

[39] 尹牧. 资源型城市经济转型问题研究[D]. 长春：吉林大学,2012.

[40] 孙秀梅.资源型城市低碳转型机理与调控对策研究[D]. 徐州：中国矿业大学,2011.

[41] 朱新莹.枣庄资源型城市经济转型发展研究[D]. 济南：山东师范大学,2014.

[42] 张哨军. 资源型城市的界定和分类[J]. 中外企业家,2011(24)：3-3.

[43] 国家计委宏观经济研究院课题组.我国资源型城市的界定与分类[J].宏观经济研究,2002(11)：37-39+59.

[44] 胡礼梅.国内资源型城市转型研究综述[J].资源与产业,2011,13(6)：6-10.

[45] 薛毅.中国煤矿城市生态环境及其整治论析[J].湖北理工学院学报(人文社会科学版),2014,31(6)：5-15.

[46] 席旭东,宋晓倩. 矿区生态产业链集成及其优化分析[J].煤炭学报,2011,36(7)：1237-1242.

[47] 梁钰. 煤炭矿区循环经济发展模式研究[D]. 北京：中国矿业大学(北京),2009.

[48] 罗怀良. 改革开放以来中国资源(枯竭)型城市转型实践[J]. 四川师范大学学报(自然科学版),2015(5)：774-781.

[49]《中国矿业报》报社. 资源型城市可持续发展的"行动指南"——解读《全国资源型城市可持续发展规划(2013—2020年)》[J]. 国土资源，2014(1)：7-9.

[50] 曹孜. 煤炭城市转型与可持续发展研究[D]. 长沙：中南大学，2013.

[51] 向铮. 基于产业转型的煤炭资源型城市竞争力提升研究[D]. 济南：山东师范大学，2016.

[52] 金丹. 矿山生态系统物能流核算[J]. 煤炭学报，2011(4)：711-712.

[53] 黄景煜. 为煤炭生产创造良好的环境——安徽淮北市杜集区改善农村与煤矿关系的调查[J]. 煤炭经济研究，1990(7)：36-37.

[54] 赵海鹏，冯静. 元宝山露天煤矿土地复垦中的具体措施[J]. 内蒙古煤炭经济，2012(10)：141-142.

[55] 孟成名，余善法，程广超. 洗煤厂浮选剂中化学毒物的定性定量分析[J]. 环境与职业医学，2013，30(8)：608-610.

[56] 王兆丰，李宏，杨宏民，等. 采空区瓦斯治理及利用实践[J]. 煤炭科学技术，2011，39(4)：55-59.

[57] 丛鑫，张偌溪，胡峰，等. 矿业城市煤矸石山周边土壤重金属分布特征与影响因素研究[J]. 生态环境学报，2017，26(3)：479-485.

[58] 李雅青. 大同煤矿集团公司自燃矸石山治理实践[J]. 同煤科技，2005(4)：23-24.

[59] 刘友芝. 论负的外部性内在化的一般途径[J]. 经济评论，2001(3)：7-10.

[60] Svarstad H，Petersen L K，Rothman D，et al. Discursive biases of the environmental research framework DPSIR[J]. Land Use Policy，2008，25(1)：116-125.

[61] 陈洋波. 基于DPSIR模型的深圳市水资源承载能力评价指标体系[J]. 水利学报，2004，35(7)：98-103.

[62] Yuzhao L I，Liu Y，University P，et al. A DPSIR-Based Indicator

System for Ecological Security Assessment at the Basin Scale[J]. Acta Scientiarum Naturalium Universitatis Pekinensis，2012，48(6)：971－981.

[63] 曹红军. 浅评 DPSIR 模型[J]. 环境科学与技术，2005，28(b06)：110－111.

[64] 李进涛，谭术魁，汪文雄，等. 基于 DPSIR 模型的城市土地集约利用时空差异的实证研究——以湖北省为例[J]. 中国土地科学，2009，23(3)：49－54.

[65] 兰美玲. 基于 DPSIR 模型的庐山旅游区生态环境健康评价和监测研究[D]. 南昌：江西师范大学，2018.

[66] 曹琦，陈兴鹏，师满江. 基于 SD 和 DPSIRM 模型的水资源管理模拟模型——以黑河流域甘州区为例[J]. 经济地理，2013，33(3)：2－7.

[67] 胡静，陈银蓉，冯庆华. 基于 DSR 的城乡结合部建设用地扩张机理研究[J].中国国土资源经济,2008,21(1)：38－40.

[68] 蔡玉梅，郑伟元，张晓玲. 土地利用规划环境影响评价[J]. 地理科学进展，2003，22(6)：567－575.

[69] 李玉照，刘永，颜小品. 基于 DPSIR 模型的流域生态安全评价指标体系研究[J]. 北京大学学报(自然科学版)，2012，48(6)：971－981.

[70] 李献士，李相佑，王殿茹. 基于 DPSIR 模型的河北省低碳经济发展评价研究[J].河北经贸大学学报，2014，35(02)：106－109.

[71] 魏振香，周晗. 基于 DPSIR 模型的东营市绿色经济发展评价[J]. 中国石油大学学报:社会科学版，2018，34(6)：48－53.

[72] 胡玉之，朱翔. 云南省固体废物污染 DPSIR 模型指标体系的构建[J]. 环境科学导刊，2013，32(3)：47－50.

[73] 杨向阳，明庆忠. 基于 DPSIR 模型的生态补偿机理分析[J]. 西南林学院学报，2008，28(004)：118－121.

[74] 袁艳斌，梁宵，张晓盼，张帆. 矿山运输系统可靠性的熵权法模糊综合

评判[J]. 金属矿山，2011(2)：28 - 31.

[75] 杨丹丹. 基于熵权—TOPSIS 法的我国矿业上市公司财务风险评价研究[D]. 北京：中国地质大学(北京)，2018.

[76] 高波. 基于 DPSIR 模型的陕西水资源可持续利用评价研究[D]. 西安：西北工业大学，2007.

[77] 刘家萍. 山东省绿色发展水平综合评价及时空格局研究[D]. 济南：山东师范大学，2019.

[78] 程启月. 评测指标权重确定的结构熵权法[J]. 系统工程理论与实践，2010，30(7)：1225 - 1228.

[79] 李云燕，殷晨曦. 绿色发展背景下的京津冀大中型城市产业转型模式研究[J]. 环境保护，2017，45(4)：33 - 39.

[80] Shannon，C. E. A Mathematical Theory of Communication[J]. Bell Systems Technical Journal，1948，27(4)：623 - 656.

[81] Hwang C L，Yoon K. Basic Concepts and Foundations [M]. Heidelberg：Springer Berlin Heidelberg，1981.

[82] Behzadian M，Khanmohammadi Otaghsara S，Yazdani M，et al. A state-of the-art survey of TOPSIS applications[J]. Expert Systems with Applications，2012，39(17)：13051 - 13069.

[83] 胡永宏. 对 TOPSIS 法用于综合评价的改进[J]. 数学的实践与认识，2002，32(4)：572 - 575.

[84] 吕鹏. 煤炭资源型城市产业结构转型的比较研究[D]. 北京：中国地质大学(北京)，2013.

[85] 资源型城市绿色转型内涵的理论探讨[J]. 中国人口·资源与环境，2009，19(5)：6 - 10.

[86] 刘纯彬，张晨. 资源型城市绿色转型初探——山西省太原市的启发[J]. 城市发展研究，2009，16(9)：41 - 47.

[87] 王艳秋，胡乃联，苏以权. 我国资源型城市绿色转型能力评价[J]. 技术

经济，2012，31(5)：72-76.

[88] 罗宣，金瑶瑶，王翠翠. 转型升级下资源型城市绿色发展效率研究——以中部地区为例[J]. 西南交通大学学报(社会科学版)，2017，18(6)：80-86.

[89] 邢明礼. 战略转型新开局——中铝中州分公司氧化铝厂转变发展方式侧记[J]. 中国有色金属，2010(17)：58-59.

[90] 北京师范大学科学发展观与经济可持续发展研究基地，西南财经大学绿色经济与经济可持续发展研究基地，国家统计局中国经济景气监测中心. 2012中国绿色发展指数报告——区域比较[M]. 北京：北京师范大学出版社，2012.

[91] 蔡红艳，阎庆民. 产业结构调整与金融发展——来自中国的跨行业调查研究[J]. 管理世界，2004(10)：79-84.

[92] 杨志，王梦友. 绿色经济与生产方式全球性转变[J]. 经济学家，2010(8)：18-24.

[93] 程忠. 产业结构及其变动对金融结构的影响研究[D]. 济南：山东大学，2018.

[94] 赵曙明，陈天渔. 经济增长方式转型与人力资本投资[J]. 江苏社会科学，1998(1)：43-48.

[95] 张超. 经济体制转型与人力资本积累关系的实证分析[J]. 经济研究，2007(12)：59-71.

[96] 柯善咨，赵曜. 产业结构，城市规模与中国城市生产率[J]. 经济研究，2014，049(004)：76-88.

[97] 何鸣，柯善咨. 中国转型期城市空间规模的决定因素——统一的单中心城市模型的理论研究与实证[J]. 财经研究，2009,35(12)：4-15.

[98] 李旭红，安树伟. 东北煤炭资源枯竭型城市产业转型的科技支撑[J]. 中国科技论坛，2005(4)：31-36.

[99] 欧阳鹏，董晓莉，汪淳，冯雨. 引领资源型经济转型的科技城规划策略研

究——以山西科技创新城核心区为例.中国城市规划学会.城乡治理与规划改革——2014中国城市规划年会论文集(09城市总体规划)[C].中国城市规划学会:中国城市规划学会,2014:17.

[100] 贾敬敦.中国资源(矿业)枯竭型城市经济转型科技战略研究[M].北京:中国农业科技出版社,2004.

[101] 吴玉鸣.空间计量经济模型在省域研发与创新中的应用研究[J].数量经济技术经济研究,2006,23(5):74-85.

[102] 李建豹.基于空间计量经济模型的区域经济差异研究[D].西安:西北师范大学,2012.

[103] 文兰娇,张安录.武汉城市圈土地资源诅咒空间差异性、空间传导机制及差别化管理[J].中国土地科学,2013(9):30-37.

[104] 范丹.中国二氧化碳EKC曲线扩展模型的空间计量分析[J].宏观经济研究,2014(5):83-91.

[105] 陶长琪,杨海文.空间计量模型选择及其模拟分析[J].统计研究,2014,31(8):88-96.

[106] 马骊.空间统计与空间计量经济方法在经济研究中的应用[J].统计与决策,2007(19):29-31.

[107] 李林,丁艺,刘志华.金融集聚对区域经济增长溢出作用的空间计量分析[J].金融研究,2011(5):113-123.

[108] Pace R K, Lesage J P. A sampling approach to estimate the log determinant used in spatial likelihood problems.[J]. Journal of Geographical Systems,2009,11(3):209-225.

[109] 杨燕燕.中国省域产业结构优化升级对生态效率的空间效应研究[D].兰州:兰州财经大学,2019.

[110] 孙毅,景普秋.资源型区域绿色转型模式及其路径研究[J].中国软科学,2012(12):152-161.

[111] 支航.吉林省资源型城市绿色转型方式与机制研究[D].长春:东北师

范大学，2017.

[112] 杜创国，郭戈英. 绿色转型的内在结构和表达方式——以太原市的实践为例[J]. 中国行政管理，2010(12)：114 - 117.

[113] 薛维然，秦铁铮. 从环境建设样板城看绿色政府的理念与制度[J]. 生态经济(中文版)，2010(4)：136 - 138.

[114] 马军. 政府、企业和公众:绿色转型的"三驾马车"[J]. 绿叶，2012(1)：52 - 58.

[115] 李玲.中国建设绿色政府的对策研究[D]. 武汉：湖北工业大学，2017.

[116] 李新. 将绿色转型进行到底[J]. 人民论坛，2019，621(4)：60 - 61.

[117] 郑翀，蔡雪雄，李倩. 生态文明试验区与福建产业绿色转型对策研究[J]. 福建论坛：人文社会科学版，2017(4)：172 - 176.

[118] 吴静. 新能源革命能否促进中国工业绿色转型?——基于因素分解法的实证分析[J]. 经济体制改革，2017(2)：184 - 191.

[119] 周云亨，叶瑞克，方恺,等. 新能源革命与中国绿色转型发展[J]. 国际学术动态，2016(6)：16 - 20.

[120] 付金朋，武春友. 城市绿色转型与发展进程溯及[J]. 改革，2016(11)：101 - 110.

[121] 支航，金兆怀. 不同类型资源型城市转型的模式与路径探讨[J]. 经济纵横，2016(11)：34 - 37.

[122] 姚震寰. 资源型城市转型与绿色发展战略意义[J]. 合作经济与科技，2015(17)：27 - 28.

[123] 崔伊霞. 中国资源枯竭型城市绿色转型发展研究[D]. 长春：吉林大学，2020.

[124] 赵永宏. 资源型城市经济转型研究[D]. 北京：中共中央党校，2017.

索 引

C

财政转移支付　69

D

DPSIR　3

DPSIR-TOPSIS　28

J

基于熵权的改进 TOPSIS 方法　3

K

可持续发展过程　3

可持续发展理论　3

空间杜宾模型　46

空间权重矩阵　4

空间效应模型　46

L

绿色发展　3

绿色税制　70

绿色转型　2

绿色转型评价　3

绿色转型指数　3

绿色转型制度　60

LM 检验　48

LR 检验　48

S

熵　3

熵权　34

SAR 模型　52

SEM 模型　52

T

TOPSIS 计算模型　34

X

效应分解　57

信息熵　34

Z

转型　15

转型理论　3

资源　1

资源型城市　1

资源型城市划分　13

致　谢

本书是在国家自然科学基金青年项目"面向生态系统服务的资源枯竭型城市绿色转型研究"(72004130)、教育部人文社科青年项目"基于计算试验的我国资源型城市低碳转型机理及政策研究"(18YJC630148)、国家自然科学基金重点国际合作项目"中国社会经济绿色低碳发展的规律研究"(71810107001)、国家自然科学基金重大项目"经济发展新常态下的绿色低碳转型特征与模式研究"(71690241)、国家重点研发计划"资源循环利用过程精准管理支撑技术与应用示范"(2019YFC1908501)、国家自然科学基金委基础科学中心项目"数字经济时代的资源环境管理理论与应用"(72088101)的共同资助下完成。感谢！

首先感谢我的老师耿涌教授,他在我最为迷茫的时期收我做博士后,给我指明了方向,让我的科研和职业生涯有了新的开始,这使我的人生发生了重大转折,我将心存感激,砥砺前行。同时也感谢曾经的导师们,硕士导师张兆响教授、张金锁教授,博士导师李仲学教授,是他们让我走进科研。

感谢我的父母邓洪和宋玉忠。从小到大,他们一直给予我无私的爱、鼓励以及无条件的支持和帮助,是我心灵的港湾。也感谢我的儿子战鸿途,他懂事体贴,在工作之余带给我无限欢乐,并在我遇到挫折的时候,依然相信我,温暖我。

感谢同事和课题组的同门们,随时跟他们交流,让我不断进步。也感谢我的好朋友们,他们总是鼓励我、关心我,在生活上帮助我,润物细无声。很开心遇到他们。

谢谢编辑提文静老师的悉心修改和帮助,让我把科研的点滴转化为专著呈现出来,有机会让大家认识我,了解我。

感谢并感恩所遇到及拥有的一切!